Jules GRANIER

MARSILLARGUES

PENDANT

LA RÉVOLUTION

Préface de Célestin PONTIER

O France, tous les jours c'était quelque prodige !
V. Hugo.

MONTPELLIER

IMPRIMERIE Gustave FIRMIN et MONTANE

Rue Ferdinand-Fabre et quai du Verdanson

1900

Jules GRANIER

MARSILLARGUES

PENDANT

LA RÉVOLUTION

PRÉFACE DE Célestin PONTIER

O France, tous les jours c'était quelque prodige !
V. Hugo.

MONTPELLIER

IMPRIMERIE Gustave FIRMIN et MONTANE

Rue Ferdinand-Fabre et quai du Verdanson

1900

Mais souviens-toi, mon fils,
Qu'il faut aimer la France.

V. LAPRADE.

Aux Maîtres qui m'ont appris à aimer mon pays,

Au Conseil Municipal de Marsillargues,

A mes Souscripteurs,

Je dédie ces modestes notes.

JULES GRANIER.

AVANT-PROPOS

Des vignes, de la verdure, une mer de verdure, dont les
ondes miroitent au soleil en un nuage de fines poussières
tourbillonnantes, des arbres, une masse épaisse et touffue
d'arbres, d'où émerge la flèche massive d'un clocher et, de
ci, de là, des maisons blanches semblables aux ailes des
vaisseaux sur l'horizon lointain ; des *mas* disséminés ; des
routes dont les sillons courent, en une blancheur indéfinie, à
travers les vignes, et puis des arbres encore, tassés en petits
bosquets, semés à tout hasard dans les terres ou sur les bords
des routes ; et enfin des arbres entourant le village en longs
cordons de verdure étincelante. Des pâtés de maisons, des
maisons blanches ou grises, basses ou avec de hauts pignons
et des tours ; un vieux château ; des rues étroites, tortueuses,
mal pavées, où rien ne s'agite, sinon des charrettes dont le rou-
lis fait trembler les pierres et se répercute avec la sonorité d'un
heurt sur une poutre... et, de ci, de là, des femmes qui vont et
viennent, ou des marchandes ambulantes traînant leurs voitures
et jetant aux quatre coins des rues leurs cris baroques et puis
plus rien ;—le village semble mort sous le lourd soleil, dont les
rais se réverbèrent contre les murailles grises ornées de
treilles aux feuilles et aux grappes desséchées et broues, et
répandent dans les rues comme un brouillard épais de chaleur, dans lequel on étouffe, la poitrine oppressée, comme

sur les cuves où s'entassent les raisins écrasés, moulus, à l'odeur capiteuse.

Gentil et coquet village du Midi, un peu sombre et triste et solitaire, mais baigné de lumières d'or et de verdure printanière.

C'est un petit village du Midi, où la vie est très active sous le soleil échauffant et évocateur des énergies, d'autant plus actives par l'ambiance puissante et féconde et par le souvenir du passé. Situé non loin de la mer latine et près des cités antiques d'Arles et de Nîmes, près des plaines de la Camargue, rien n'y a disparu des traditions méridionales. Nous avons conservé notre langue douce et mélodieuse comme le susurrement de l'eau du Vidourle, et notre âme y vibre, notre âme de paysan. Nous aimons tout ce qui est du Midi, les *manades*, les courses de taureaux, les vignes, le vin ; nous sommes de purs Méridionaux, fiers de notre langue d'Oc, de nos mœurs, de nos traditions, et la vie du Nord, — la triste vie du Nord sous le brouillard, dans la brume, — n'a pas effleuré notre âme : bien longtemps nous serons encore du pays d'Oc ; maintenant que nous nous mêlons au mouvement méridionaliste, au mouvement puissant et fécond, d'où nous sortirons régénérés, recréés, comme dans toutes les vieilles cités latines ; doués d'une force vitale, prêts à lutter pour reconquérir et garder à tout jamais nos traditions et notre liberté.

L'âme du Marsillaguois est d'abord une âme de paysan amoureux du sol auquel il est resté attaché toute sa vie, en une communion intime d'amour, le paysan vit de lui et, toujours fidèle, ne pense pas à le délaisser. Il lui faut sa vigne ; mais ses yeux voient au-delà des bornes de son champ et il sent qu'ailleurs, en dehors de sa vie tranquille et solitaire, une autre vie l'attire, la vie puissante et troublée des villes, la vie où les hommes luttent pour tout, avec ardeur, pour leur indépendance, leur besoin, pour ce qui les intéresse ou leur agrée, et le paysan courbé sur son sillon relève la tète, réfléchit et bientôt en combattant vient s'unir à ceux qui déjà ont engagé la lutte ; ces fils de la terre ont compris que d'autres horizons s'ouvriraient à eux, d'autres horizons où ils deviendront plus heureux, et aussitôt ils se sont armés pour leur conquête. Et c'est aussi une âme vibrante, excitée par le chaud soleil et le parfum capiteux du vin ; des résonnances profondes s'élèvent en elle à la douleur, à la joie, au bonheur où à la détresse, comme le soir, sur la Crau, dans la solitude de la nuit, résonne le cri du mistral.

Nos plaisirs sont très peu nombreux et insignifiants, il est vrai, mais nous les saisissons avidement, heureux de pouvoir nous reposer du travail terrien, si fatigant, si éreintant et nous les faisons durer bien longtemps pour notre jouissance et notre repos. Ce sont surtout les courses de taureaux ; le plan est vaste, et tout autour, des gradins en bois où s'entasse la foule, une foule aux vètements clairs et multicolores, brillants sous les rayons d'un lourd soleil d'été chauffé à blanc ; les hommes dans le plan où on lance le taureau. Des bêtes souples, légères, très excitées et non point molles comme les toros des guanaderias d'Espana, fringantes, fusant au moindre mouvement du *raʒeteur* ; de bonnes bêtes, peu méchantes la plupart du temps. Puis, c'est à qui arrachera du front du taureau la cocarde ; les razeteurs s'élancent, courent, s'entrecroisent, pendant que la brute courant après l'un et l'autre, se lasse vite et ne remue presque pas ; enhardis, les razeteurs l'entourent, se mêlent et c'est rare alors si l'un d'eux ne se laisse pas déchirer les vêtements. Ce sont des cris, des *cacalas*, une pluie cinglante de cris et de rires, un frou-frou de robes, un papillonnement de petites tètes légères, des ombrelles qui s'agitent et puis la pluie cinglante de cris et de rires se confond en de légers chuchottements.

C'est ensuite le taureau à la corde : attachée à une longue corde, la bête est lancée au milieu des rues, parmi une foule nombreuse qui court, crie, s'entasse dans les longs corridors, dans les maisons, derrière les murailles, derrière les portes, ou grimpe aux arbres et aux fenêtres ; et tout cela plein de mouvement, plein de vie, sous le soleil encore chaud de l'automne, évocateur des joies et des plaisirs, excitant notre cerveau comme le pampre de la vigne, coulant en nos veines, sans cesse il pétille et y répand la force et l'énergie.

Nos cervelles sont bouillonnantes, enflammées et au moindre choc, à la moindre émotion qui fait vibrer notre âme, nous flambons ardemment comme des feux de la Saint-Jean sous les rafales cinglantes de la tramontane.

Et avec ça, toujours gais et joyeux, toujours en verve de paroles et d'actes et de grands gestes ; tout remue en nous, tout pétille, tout nous excite et nous échauffe, toujours partout où il y a du mouvement, de l'animation, dans les danses, les farandoles, les *cailes* ; au milieu des rues, sur le plan ; toujours éméchés, excités, en un mot : *bajants*. Nous nous le disons sans amour-propre, avec cette sincérité des Méridionaux dont les paroles, même les plus menteuses, ne sont jamais que des confessions ou des aveux : nous le disons, *bajants*, fermement convaincus que tous nous le sommes et serions-nous de Marsillargues sans cela ?... Bajants ! non pas fous, mais flambants, pétillants. Et curieux, curieux comme des enfants piqués de l'envie de voir ce qu'il y a dans leurs joujoux, curieux pour tout ce qui met un peu de variété dans notre vie monotone de village, curieux comme personne ne l'a jamais été, pas même les Parisiens, et Dieu sait s'ils le sont ceux-là ! Le proverbe le dit et le proverbe est vrai :

> Lous gents de Masihargue soun toutes de badaus,
> Sauteroun lou Vidourle per veire courre un brau.
> Era una vaca rouja, que venié de laurà….
> Lous gents de Masihargue segueroun badinà….

Mais, aujourd'hui, des vaches rouges il n'en est plus à Marsillargues, des vaches rouges au retour du labour et qu'on prend pour un taureau. Quand les Marsillarguois sautent le Vidourle — la triste et somnolente rivière, dont les eaux courent lentement parmi les ajoncs et les talus, entre deux larges rives plantées d'arbres touffus — c'est pour voir des taureaux de vrais taureaux des prés *cailarencs*, pour leur courir après et les faire échapper.

Ces âmes excitées, enflammées, maintenant que de tout côté, dans le Midi, s'éveille plus puissante, plus active notre vie d'antan, maintenant que surgissent partout des savants, des poètes, des artistes, fiers d'être les évocateurs de notre civilisation passée, de nos traditions étouffées sous le poids écrasant de la civilisation du Nord, disparues, mortes; maintenant que les félibres dans les vieilles cités latines, à Arles, à Orange, à Nîmes, à Béziers, dans ces cités joyeuses de revivre en un jour de gloire, leur vie passée, triomphent au milieu des foules enthousiasmées ; en ces âmes excitées, enflammées, vibrant à tout, comme les harpes éoliennes sous les baisers du vent, de jeunes poètes, des poètes du pays natal, attachés au sol de leur village, vivant de la vie des paysans, mêlés, eux, les fils de la pensée aux fils de la terre, sèmeront la semence de résurrection et bientôt, quand resurgira le Midi tout entier l'humble village resurgira lui aussi, fort de sa vie d'antan sous le clair soleil, parmi la verdure printanière — à toujours.

Célestin PONTIER.

AU LECTEUR

Nous n'avons pas voulu, cher Lecteur, faire ici la philosophie de l'histoire de notre population durant la plus émouvante des époques que l'histoire ait enregistrées. Nous avouons humblement notre incompétence, et nous nous effaçons en face des difficultés d'une pareille tâche. Le but de ces quelques pages, de ces esquisses du grand tableau révolutionnaire est plus modeste, mais peut-être non moins efficace.

Narrer les événements saillants dont Marsillargues fut le théâtre de 1789 à 1795, faire ressortir avec le plus de simplicité et de logique possible l'esprit d'une population des plus paisibles et des plus conscientes, montrer une municipalité républicaine et libérale dans ses fonctions toujours plus impérieuses et plus difficiles, telle a été notre pensée. Nous avons fait œuvre de conteur et non d'historiographe, laissant à chacun le soin de conclure selon ses opinions et son libéralisme.

A l'heure où nous voyons s'organiser sur tous les points du globe une société émancipatrice, dans un siècle où tous les gouvernements, les hautes personnalités, veulent le bien-être de la classe ouvrière en la transformant en un milieu réfléchi, instruit, éduqué, notre œuvre ne sera pas inutile.

Elle sera profitable à tous ceux qui, animés du désir de se connaître, voudront savoir ce que furent leurs ancêtres ; à ceux qui, animés par l'amour du pays natal, seront curieux d'en connaître le passé et d'en envisager l'avenir avec calme et réflexion; à ceux, enfin, qui, par un examen de conscience, voudront s'assurer de l'état actuel de notre société comme pour en connaître les divers progrès et les diverses décadences. Il y a donc, dans ces ébauches grossières, un but d'éducation populaire, et l'on sait quelle ténacité et quel dévouement doivent présider à une pareille évolution.

Nous avons fait, en outre, œuvre décentralisatrice en vous apprenant quelles furent, dans la grande histoire nationale, la part et les idées de notre population. Combien ne gagnerions-nous pas en patriotisme, en amour du terroir, en convictions, en enthousiasme, si chaque commune connaissait sa propre histoire ; si chaque place, chaque château, chaque vieux pan de mur, témoins des politiques séculaires, nous disaient ce que furent nos ancêtres et nous attachaient à eux par des souvenirs réconfortants, heureux ou malheureux ! Oh ! combien serait modifié l'esprit des populations si on arrivait à se nourrir des annales de l'histoire locale !

En choisissant comme sujet l'histoire de notre commune spécialisée à la Révolution, nous avons voulu donner, en outre, l'exemple d'une petite école de vertus civiques et patriotiques.

Ainsi qu'on pourra le lire dans ce qui suit, ainsi que le prouveront les faits que nous signalons, disons, — et cela sans le moindre chauvinisme, — que Marsillargues a été l'une de ces communes qui ont compris de bonne heure les nombreux avantages d'un régime libéral et égalitaire ; que sa municipalité, dont nous ne pouvons qu'admirer le républicanisme et l'attachement aux lois, a rempli avec une foi, une constance vibrante et sentie, les devoirs, les charges de plus en plus impérieuses des dangers révolutionnaires ; que sa population eut le plus grand respect des choses et des lois de l'époque, qu'elle fut d'un dévouement sans limites, d'une abnégation sans bornes, d'un enthousiasme sans réserve.

Soyons fiers d'être les petits-fils de ces âmes simples, mais enthousiastes et sympathiques ; puissions-nous tirer de leur exemple de précieuses leçons pour les temps à venir, et la foi communicative qui les animait puisse-t-elle nous saisir, si, un jour, la France était menacée par un danger nouveau !

D'aucuns pourront objecter que les notes que nous publions sont incomplètes et que notre œuvre est, par cela même, d'un caractère superficiel. Nous leur répondrons que soucieux du choix de nos exemples et de nos faits, nous avons soigneusement éliminé tout ce qui pouvait nuire à l'ensemble, ne conservant que ce qui était strictement nécessaire pour établir d'une façon convenable, l'esprit de la population, le travail et les sollicitudes de son assemblée municipale, la place et le rôle de notre cité dans l'histoire générale de la Nation. Qu'était-il important de mettre en relief dans ces quelques notes? sinon la vie, l'action, le rôle, et pourquoi en aurions-nous troublé l'harmonie et la logique par des faits secondaires et sans intérêt ? La Révolution française, a-t-on dit, c'est le peuple français lui-même ; c'est-à-dire, l'esprit et l'enthousiasme de notre race. Nos quelques pages ne tendront à rien moins qu'à le prouver pour ce qui est de notre région.

Au surplus, nous avouerons au lecteur que nous n'avons fait preuve ni d'archiviste, ni de bibliophile. Tout ce que renferme notre brochure, nous l'avons puisé dans nos archives locales, spécialement dans les registres des délibérations des corps municipaux de l'époque. Quelques notes particulières sont dues à la bienveillance de M. Millerot, l'éminent archiviste de Lunel, et à M. Martel, l'archiviste distingué de la ville d'Arles. Qu'il nous soit permis de les remercier chaleureusement ici du gracieux concours qu'ils ont bien voulu nous prêter.

Tout ce que renferme le premier chapitre — Marsillargues avant 1789 — a été puisé dans nos vieilles chartes déposées aux archives locales et dans les pièces qui ont instruit le long procès de la commune et des descendants de la famille seigneuriale et qui avait pour litige le partage des palus.

On pourra remarquer la grande part qu'occupent les citations et les discours. Cette remarque, qui paraît ne faire de notre brochure qu'une vaste copie de vieilles écritures municipales, a toutefois son importance. En réservant une large place aux archives elles-mêmes, nous conservons dans tout le courant de notre œuvre le caractère authentique et réel des événements qui s'y déroulent et des hommes qui y jouent quelque rôle ; nous maintenons dans toute son intégrité la note même, spéciale et grandiose, de la période qui la remplit. C'est donc pour donner à chacun l'aperçu le plus complet et la vérité la plus entière que nous avons mis en relief les citations et les discours que l'on pourra lire.

En terminant adressons nos remerciements les plus chaleureux et les plus empressés à nos bienveillants souscripteurs, à ceux qui, en nous honorant de leur confiance, nous ont montré qu'il y avait dans Marsillargues une énergie intellectuelle encore intense.

Espérons, maintenant, que nous aurons su mériter de leur générosité et de leur confiance, et que notre petite œuvre saura, dans la sphère d'action qui lui incombe, être utile à tous et intéressante pour le plus grand nombre.

Jules GRANIER.

MARSILLARGUES

PENDANT LA RÉVOLUTION

PREMIÈRE PARTIE

5 MAI 1789. — 20 AVRIL 1792

CHAPITRE PREMIER

APERÇU DE NOTRE HISTOIRE AVANT 1789

L'opinion la plus générale, celle qui résulte, d'ailleurs, de l'étude de la vie et de l'histoire des seigneurs de Marsillargues, c'est que la famille Nougaret de Calvisson, qui a rempli la période réellement historique de notre localité jusqu'en 1789, n'a pas à craindre le reproche d'abus de la puissance féodale quant à ses relations avec ses sujets.

Soucieux de leurs devoirs, autant qu'il fut permis aux seigneurs de s'en soucier, imbus de la pleine connaissance de leurs droits, nos seigneurs n'abusèrent de leurs prérogatives qu'en des circonstances fort exceptionnelles et l'on doit, peut-être, ajouter « qu'ils traitaient les habitants comme des clients dont on veut augmenter le bien-être et leur attribuer d'immenses facultés (1). »

Quelques chartes trouvées parmi nos archives peuvent confirmer cette louange :

Le 15 février 1332, les habitants de Marsillargues prêtent leurs maisons, leurs montures et leurs fourrages à Raymond de Nogaret qui, fait chevalier, voulut donner une fête à tous les chevaliers, barons et seigneurs des environs. Il n'était pas commodément logé pour recevoir tout son monde et demandait ce service aux habitants de Marsillargues « sans cependant tirer de conséquence pour l'avenir et sans contracter aucun engagement. »

Dès le commencement du XVme siècle, Raymond d'Apcher déclare aux habitants de Marsillargues (7 juillet 1402) qu'ils ne sont soumis à aucune servitude ni corvée envers lui — cependant il ajoutait que tout ce qu'ils ont fait pour lui et tout ce qu'ils pourront faire à l'avenir, pour lui rendre service, ne pourra nullement leur nuire.

A la fin du XVme siècle, il est accordé à notre cité le privilège (avril 1596) d'un marché les mercredis de chaque semaine et de quatre foires par an, qui pourront durer trois jours chacune et dont les dates étaient ainsi fixées : la première, quatre jours après les Rameaux ; la seconde, le 1er mai, jour et fête de Saint-Jacques ; la troisième, le 1er septembre, jour de Saint-Éloi, et la quatrième, le 6 décembre, jour de la Saint-Nicolas. Un siècle plus tard, Marsillargues possédait deux marchés par semaine.

Ainsi se maintint entre nos seigneurs et la population une entente commune ; aussi, même après la tourmente révolution-

---

(1) Pièces relatives au procès de la commune et de la famille Calvisson pour le partage des palus.

naire, la commune se plaisait à dire « que l'élévation de sentiments était héréditaire chez les Calvisson, que souvent l'on
avait vu parmi eux la bonté réunie à l'aménité dans les relations privées et que ces précieuses qualités caractérisaient
M. le marquis de Calvisson, qui, encore vivant, trouvait en retour, chez les habitants de Marsillargues, haute considération
et sincère attachement (1). »

* *

C'est de Guillaume de Nogaret, celui qui servit si fidèlement
Philippe le Bel dans ses démêlés avec le Pape Boniface VIII,
que descend la famille de Calvisson. D'abord simple professeur
ès lois à l'Université de Montpellier, il exerça ensuite la charge
de juge-mage en la sénéchaussée de Beaucaire et celle d'am-
bassadeur à la Cour de Rome. Il fut anobli, fait chevalier du
roi, créé baron de Calvisson, enfin, élevé à la dignité de garde
des sceaux et de chancelier. « C'était un homme consommé
dans la science des lois, des usages et des franchises du
royaume, d'une fermeté à l'épreuve des obstacles, d'un attachement inviolable à son prince. »

Ce fut en 1291 — il n'était encore que docteur et professeur
ès lois à Montpellier — qu'il devint seigneur de Tamerlet, qu'il
acheta au prix de 250,000 livres.

A la suite d'un échange fait le samedi avant la fête de Saint
Louis (1295) entre le roi Philippe le Bel et Raymond Gaucelin,
seigneur d'Usez et Gérard Lami, seigneur de Castelnau, ces
deux derniers cédèrent la baronnie de Lunel et ses dépendan-

---

(1) Pièces du procès de la commune et la famille Calvisson pour
le partage des palus.

ces, — Marsillargues en faisait partie — audit Philippe, roi de France, et ce ne fut qu'en 1299 que la baronnie de Lunel fut complètement échangée (1). C'est de lui que Guillaume de Nogaret obtint les terres qui furent la récompense de ses services dans les négociations entre la papauté et la royauté.

Le roi le gratifia d'abord d'une pension de 300 livres à payer au Trésor et remplaçable par une assise de terres à donner en fief. En mars 1302, deux ans après la querelle, il reçut un autre don de 500 livres.

Ce ne fut qu'en juillet 1304 que le roi lui assigna les 300 livres du premier don sur les lieux de Marsillargues et les 500 livres du second sur le château de Calvisson, au pays de la Vaunage. Le roi se réservait l'hommage de divers domaines que le sénéchal Jourdain d'Isle fut chargé de faire estimer, afin de savoir si l'assignat était suffisant ou s'il excédait le prix de la rente (2).

Comme il manqua 63 livres 18 sols 1 obole, le roi donna à Guillaume de Nogaret des hautes et basses justices, des droits sur diverses pièces de terre, ce qui compléta l'assignation de la rente. Ce second acte fut fait à Pont-Saint-Esprit le 18 mai 1306.

Cette donation fut complétée par deux achats successifs : l'un, le 8 mars 1309, à Guillaume Castel; l'autre, le 5 juillet 1310, à Reynaud de l'Estang. Le XVe siècle accrut toutes ces possessions par de nouveaux achats,

Il y avait alors quatre co-seigneurs dans les domaines de Desports (1373) : Hélix de Clermont de la famille de Calvisson;

---

(1) La baronnie de Lunel, dont on parle, se composait en 1299 des fiefs de Saint-Julien, Desport, Tamerlet, Marsillargues, Lunel et Saint-Just.

(2) *Histoire de Lunel.* — Millerot.

Raymond Desport, de la famille de Bernis; Jacques Victor et Guillaume de Mandagout.

Les terres de Guillaume passèrent, par vente, à la famille de Bernis, dont Raymond d'Apcher, seigneur de Marsillargues, héritera; celles de Jacques Victor de Mandagot furent d'abord vendues à Guillaume de Tournefort, en septembre 1375, transmises à un nommé Pierre de Bertholin, qui les vendit à Raymond d'Apcher en mars 1406.

Ainsi s'établit la maison des Nogaret, dont les possessions, accrues par des achats successifs, firent une des seigneuries les plus puissantes du Bas-Languedoc.

Raymond de Nogaret, fils de Guillaume, hérita des biens patrimoniaux. Nous ne retiendrons que quelques noms parmi cette nombreuse famille qui gouverna notre cité durant près de quatre siècles : Raymond d'Apcher au XVᵉ siècle, Antoine de Calvisson au XVIᵉ, dont l'un des descendants se fera protestant lors des guerres de religion ; le XVIIᵉ siècle compte Jean Louis de Nogaret Calvisson, lieutenant des armées du roi Louis XIII ; nous trouvons enfin, au XVIIIᵉ siècle : Annibal-François-Louet de Nogaret, Louis Murat de Nogaret et lors des premiers mouvements de la Révolution, la veuve de Anne-Joseph de Calvisson, qui est Jeanne-Pauline de Cheyla de Calvisson, et devait voir les luttes et les pérégrinations de la période révolutionnaire.

*
* *

Il est cependant un reproche que l'on peut adresser à la mémoire des anciens seigneurs de Marsillargues. Ils paraissent avoir eu l'esprit d'envahissement et de domination, et là, ils ont non seulement usé de leurs droits seigneuriaux, mais ils en ont parfois abusé, comme le prouvent les circonstances

qui environnent les actes de partage des marais et les moyens
obtenus pour les obtenir.

« Depuis Guillaume de Nogaret, la seigneurie a suivi dans sa
famille les générations. Elle possédait le fief à titre universel,
c'est la généralité, l'ensemble, l'universalité du fief qui lui ont
été transmis à l'origine. Elle n'a point de titres particuliers
et, notamment, point de titre d'achat, point de titre spécial
d'une métairie, d'un champ, d'une palus, d'un marais, d'une
parcelle quelconque : tout ce qu'elle eut de droits dérivait de
la transmission générale des fiefs, soit en 1291, en 1304 ou
1309. Plus tard, on partagea les terrains rehaussés par les
crues du Vidourle dans les marais ; ils forment, aujourd'hui,
les immenses domaines des « Demoiselles Terredesport, Tama-
riguière, Le Destrech et Cocul » (1).

C'est un fait acquis et certain que, dans les temps reculés,
la plus grande partie du territoire de Marsillargues était inon-
dée, lors des crues du Vidourle par le débordement de ce tor-
rent. Son niveau était plus bas que celui des eaux et, dans
cette plaine sans pente et sans écoulement, elles séjournaient
et convertissaient de vastes étendues en marais véritables.

Mais, « à mesure que la population du pays s'est accrue et
que le besoin de créer des ressources agricoles s'est fait sentir, les habitants ont enlevé au Vidourle quelques parties des
lieux qu'il envahissait ; charriant, dans son impétuosité, une
quantité considérable de terre, il la déposait lorsque les eaux
devenaient stagnantes et formait ainsi des rehaussements que
les habitants s'empressaient de cultiver.

» Cette première conquête de l'agriculture commença à diminuer l'étendue des marais de Marsillargues » ; quand, vers la

_____

(1) Pièces du procès entre la commune et la famille Calvisson,
pour le partage des marais.

fin du XVI⁰ siècle et au commencement du XVII⁰, le Vidourle
fit une trouée, lors de sa période de crues, et ses eaux se répan-
dirent dans les propriétés de Saint-Roman et dans les marais,
où elles firent de nouveaux dépôts de terres et de limons. On
décida alors de rendre les submersions continuelles et le
canal de Saint-Roman fut construit (1).

Il fut subdivisé plus tard en plusieurs petites branches, afin
de faire jouir les marais des avantages d'une inondation régulière et de provoquer ainsi des rehaussements qui diminue-
raient peu à peu l'étendue des marais primitifs.

Le canal, construit en terre de Tamerlet, portait les eaux
limoneuses du Vidourle et « l'on y vit bientôt de gras pâturages à la place des joncs et des roseaux sauvages ».

Les atterrissements y devinrent continuels et progressifs, et
c'est alors que commencèrent les partages et les attributions
respectives des terrains entre la communauté et les seigneurs,
qui se continuèrent durant à peu près quatre-vingts ans.

En 1683, un partage accorde à la commune 565 cartérades

---

(1) CANAL DE SAINT-ROMAN. — La première idée de construction du
canal date du commencement du XVIIᵉ siècle ; mais ce ne fut qu'en
1639 que la communauté fut autorisée à l'établir contre le paiement
d'une valeur de 4.750 livres, soit à titre d'indemnité, soit pour le
paiement des terrains cédés par les propriétaires de Saint-Roman.

A cette époque encore, la plus grande partie du territoire actuel de
Marsillargues, y compris Saint-Julien, Tamerlet et Desport, était
sans valeur et sans production : il ne pouvait être soumis à la culture, ni fournir même de véritables pâturages. Mais la communauté
était industrieuse et soigneuse de mettre à profit tout ce qui pouvait
améliorer son sort et accroître sa propriété ; elle sut tourner à bien
le débordement des eaux, qui sont ordinairement un désastre, et
n'épargnant ni soins, ni travaux, ni dépenses et le temps couronnant
ses travaux, des marais, peut-être pestilentiels, furent des terres fer-
tiles.

dans le tènement de Tamerlet et 513 cartérades de pâturages. Mais une transaction du 10 décembre 1701 lui laisse seulement 123 cartérades des 565 en terroir de Tamerlet et elle acquiert encore par cet acte 10 cartérades du pré de l'Estelle.

Le 9 mars 1706, une transaction donne au seigneur 10 cartérades de terres rehaussées, moyennant quoi il réduit à 400 fr. l'abonnement des censives, qui était de 500 francs.

Le 6 avril 1717, un nouveau partage donne 100 cartérades au seigneur en terroir de Tamerlet et 75 à la communauté, dont l'abonnement des censives se trouve encore réduit de 400 à 200 francs.

Le partage du 18 avril 1725 donnait 14 cartérades à la communauté et au seigneur ; celui du 24 octobre 1756 donnait à la commune 25 cartérades dans Tamerlet et au seigneur un tènement de Desport, appelé les Rajols, d'une contenance de 313 cartérades.

Les actes des 5 juin 1776 et 25 novembre de la même année donnent : le premier, 37 cartérades ; le second, 60 cartérades à la commune et au seigneur dans le tènement de Desport, au lieu de la Plaine.

Enfin, la dernière de ces conventions fut celle du 13 septembre 1785, qui réglait les partages à venir des terrains et palus rehaussés qui pourraient devenir susceptibles de culture ; et il y avait alors quantité considérable de palus qui l'étaient encore en 1789, quand parurent les lois abolissant la féodalité.

Ainsi les conquêtes de l'industrie agricole d'un côté et les invasions du Vidourle de l'autre firent naître cette série d'actes très précieux, « parce qu'on y trouve la tradition des améliorations éprouvées par les terres formant actuellement le territoire de Marsillargues et que, rapprochés de l'histoire du Languedoc et des autres titres, ils fournissent une preuve que nos marais ont eu l'origine et ont éprouvé les transformations que nous venons de signaler. »

Quant à ces terres, nous voyons nos seigneurs et même ceux de Lunel, accorder aux habitants de la communauté de nombreux droits de pacage et de dépaissance, moyennant droits et redevances, le plus souvent. Tels sont les actes du 10 septembre 1332 pour les terres de Tamerlet, qui autorise le pacage dans le terroir, la chasse et la pêche moyennant une indemnité de 500 livres : du 9 novembre 1540, du 5 juin 1545, relatifs aux pâturages de l'Alburquière, Larco et Larcoa, etc., etc.

Marsillargues devenait ainsi « le lieu de cette contrée qui retire les plus grands secours des troupeaux, où ils étaient en même temps le plus nécessaire par rapport à la vaste étendue du terroir, qui, peu fertile à quelque distance de la ville, ne pouvait être bonifié que par les troupeaux. On comptait, à la fin du XVIII° siècle, « plus de 15000 bêtes à laine, quantité qui arrivait à 20,000 lorsque les pâturages plus abondants favorisaient le croît. Cette laine produisait environ, chaque année, 25,000 livres, et si nous ajoutons à tout cela le laitage, les moutons et les agneaux que l'on engraissait pour la boucherie, nous arriverons à une somme assez ronde. » On recevait aussi dans les pâturages communaux des bestiaux étrangers, moyennant une certaine redevance. On y cueillait en très grande abondance des joncs grossiers qui servaient à la nourriture et à la litière des troupeaux et une quantité considérable de joncs que l'on employait dans les fours à chaux.

Telle était la situation générale quand disparut « le système féodal, qui pendant plusieurs siècles avait rivalisé contre cette monarchie, l'avait rendue problématique et avait affaibli, presque absorbé cette puissance royale, tandis qu'il s'était usé lui-même dans ses rouages compliqués. » Le souffle du XVIII° siècle avait transformé les esprits, la Révolution allait commencer son œuvre régénératrice.

CHAPITRE II

DU 5 MAI AU 14 JUILLET 1789

PREMIÈRES JOURNÉES RÉVOLUTIONNAIRES

La convocation aux Etats-Généraux en date du 5 mai 1789, lancée par Necker, fut reçue à Marsillargues, le 26 décembre 1788.

Boulet, premier consul et maire de la ville (en même temps personne de confiance de Mme de Calvisson) réunit alors les autorités administratives de la communauté et c'est dans un discours plein de bon sens, de logique et de prévoyance qu'il la leur présenta.

« Messieurs, disait-il, en parcourant les fastes de notre
» monarchie, on y remarque successivement les plus grandes
» révolutions, mais il n'en est point de plus intéressante, ni
» qui doive à plus juste titre faire époque dans l'histoire, que
» celle qui se prépare en ce moment. »

Déjà, dès que paraît la convocation des Etats-Généraux, un homme prévoyait la Révolution, bien plus, il en prévoyait l'importance, même dans l'histoire générale de la nation.

« Aussi jaloux de sa gloire que du bonheur de ses sujets,
» ajoute Boulet, le souverain s'occupe de la convocation des
» Etats-Généraux ; Sa Majesté n'aspire qu'après le moment
» qu'elle se verra environnée de son peuple comme un père
» tendre qui se plait à se voir entouré de ses enfants. C'est
» dans un concours des sentiments et des opinions qu'elle

» veut mettre sa force et chercher son bonheur, et en établis-
» sant la Nation dans l'entier exercice de ses droits, c'est
» avec elle qu'elle veut concerter les moyens propres de faire
» renaître l'ordre dans toutes les parties de l'administration,
» consolider la dette publique, à former une législation sage,
» qui assure à jamais et la liberté individuelle et le droit de
» propriété. Quel spectacle touchant pour une nation qui ido-
» lâtre ses rois et qui, depuis 1614, n'avait pas joui de l'éclat
» de leur majesté. »

Vibrant tableau de la confiance en la sagesse du roi ! en la
confiance de l'indolent Louis XVI ! Comme on aime cette naïveté, qui se traduit par des phrases empreintes d'un amour
ardent et senti.

Nous sommes en province et l'on ne connaît pas les affaires
de la Cour, les intrigues des courtisans, les manœuvres sour-
noises de Marie-Antoinette. L'on ne voit, l'on ne connaît que
l'acte de convocation aux Etats, cet appel unanime à la nation.
Que Louis XVI en soit béni, bientôt son peuple l'entourera,
bientôt ses enfants embrasseront jusqu'à l'étreinte ce père trop
tendre qui les aura trahis.

Mais est-ce en toute sincérité que parle Boulet, homme de
confiance de nos anciens seigneurs ?

Et cette naïveté, n'est-elle pas affectée et de circonstance ?
Son attitude dans les temps prochains, nous le découvrirons
sous un jour tout autre.

« Cette heureuse révolution est vraiment digne de l'esprit
» de philosophie qui anime notre siècle. Nous la devons, cette
» révolution, à la sagesse et à la bienfaisance de notre monar-
» que, à la réclamation de tous les ordres, aux généreux
» dévouements des tribunaux chargés par la nation de l'enre-
» gistrement des lois de l'impôt, ils ont fait aux prix même
» de leur liberté le sacrifice de cet usage antique. »

Le peuple croyait donc à la bonne foi de la noblesse ; il

croyait à un enthousiasme général vers l'esprit du progrès, il croyait encore à cet abandon « de leur liberté, à ce sacrifice de leur usage antique ». Quelle erreur ! Compter l'influence de l'esprit philosophique du XVIII° siècle, cette action des Rousseau, des Voltaire, des Montesquieu, comme une cause digne de notre Révolution, telle est la réflexion d'un penseur bien informé ; mais écartons bien loin de nous, le désintéressement des classes privilégiées. Les premières luttes de la Constituante nous en diront assez demain.

« Ce grand renouvellement de l'ordre public ne peut effi-
» cacement s'opérer si tous les Français ne se réunissent pas
» pour ne former qu'une famille, s'ils ne sont dirigés par les
» mêmes principes, par les mêmes sentiments, sans considé-
» ration des usages, des privilèges, des opinions, s'ils ont un
» autre intérêt que ceux de la prospérité, de la gloire commune,
» s'ils ne secondent les intentions bienfaisantes du souve-
» rain ».

Marcher unis, forts d'une union d'intérêts et d'opinions, avoir les mêmes vues, faire naître, dès le début, cette fraternité qui devait régner plus tard au moment du danger ; voilà la ligne de conduite de tous les Français dans la tâche présente ; voilà le moyen de réussir, d'arriver à une fin.

Mais est-il possible de voir se grouper autour de cette cause et vers le même but, sans distinction d'usages, de privilèges et d'opinions, sans intérêt, si ce n'est celui de la gloire commune, les classes si diverses et si marquées du régime agonisant ?

Boulet, lui-même, s'est-il aussi grossièrement abusé jusqu'au point d'en berner sincèrement ses concitoyens ?

« Cette harmonie de principe, de sentiment, d'intérêt, sem-
» ble, jusqu'à présent, avoir éprouvé quelque contradiction
» suivant les nouvelles publiques ; les notables, appelés
» auprès du trône pour éclairer Sa Majesté sur la forme la

» plus régulière des Etats Généraux, pour en faire une assem-
» blée véritablement nationale tiennent pour la prépondérance
» des deux ordres privilégiés. Ce n'est encore, sans doute,
» que le résultat d'un avis idéal. Lorsque les opinions seront
» rapprochées, lorsque, par leur combinaison, elles auront
» éprouvé le choc de la contradiction, il en résultera vraisem-
» blablement une opinion conforme au vœu du souverain, à
» l'opinion publique, à la réclamation générale et à l'attente
» de toute la Nation. » Ne croirait-on pas, d'après ce qui précède, que les Etats prochains vont offrir au monde étonné
l'exemple d'une assemblée de députés égaux, raisonnables et
désintéressés dans le régime de l'empirisme et du privilège ;
peuples, ouvrez tous grands les yeux : Versailles sera demain
ce que ne furent jamais vos assises les plus mémorables.

« Quels seraient les motifs d'une décision contraire ? Serait-
» ce la Constitution ? serait-ce le droit des privilèges ? Mais la
» Constitution réclame sinon la supériorité, du moins l'égalité
» de représentation du côté du Tiers Etat.

» Aux Etats Généraux de 1356, sur 800 députés, n'y en
» avait-il pas 400 de la commune ? et c'est dans ces Etats où
» les grands principes de l'imposition ont été formellement
» reconnus. N'a-t-on pas vu encore qu'à la plupart des Etats
» Généraux postérieurs, plusieurs provinces ont envoyé un
» plus grand nombre de députés du Tiers Etat que des privi-
» légiés. La Constitution ne s'oppose pas au rétablissement de
» l'équilibre tant désiré par le peuple. »

La Constitution ! Quelle était-elle cette Constitution avant
1789, sinon la volonté souveraine ? A combien de variations et
d'influences n'était-elle pas soumise ?

Quelle sera cette Constitution à l'heure présente, sinon le
jeu des influences et des titres, sinon le caprice immuable des
premières classes !

Quant à l'équilibre tant désiré par le peuple, s'il est vrai que

les Etats de 1356 l'aient maintenu dans leur composition.
Boulet ignore peut-être que ce fut grâce au peuple lui-même et
à Etienne Marcel, que cette situation n'avait rien d'incompa-
tible avec l'Etat du royaume perdu par Jean le Bon, et en proie
aux horreurs de la guerre de Cent Ans.

Tandis que rien ne peut limiter, à l'heure actuelle, le crédit
de la royauté absolue. L'opposition, déjà naissante, n'est pas
le résultat d'un avis idéal, mais l'opinion réfléchie et voulue
des classes directrices.

« L'opinion de MM. les notables aurait-elle été gênée par
» la réclamation du Parlement de Paris, pour que les Etats
» fussent régulièrement convoqués et imposés, et ce, dans la
» forme observée en 1614 ! » Nullement, leur opinion n'avait
été gênée en rien, et leur délibération résultait bien d'une discussion raisonnée de leurs intérêts et de leurs principes ; elle
en avait été la conséquence immédiate.

« L'unique objet de cette réclamation a été de prévenir une
» convocation arbitraire de l'Assemblée Nationale et d'arrêter
» les funestes conséquences qui auraient pu en résulter ; mais
» le but de ces magistrats n'a point été de déterminer le nom-
» bre des représentants de chaque ordre, et encore moins la
» prépondérance des privilégiés. Le Parlement l'a solennelle-
» ment déclaré dans son arrêté du 5 de ce mois ; il désire une
» représentation libre et proportionnée à la population et à
» l'intérêt de chaque ordre. Et s'il existait quelque loi des-
» tructive de cette proposition, il faudrait l'effacer de notre
» Code, comme portant l'empreinte de cette ancienne servitude
» qui a dû être anéantie avec le gouvernement féodal.

» D'ailleurs, cette loi, choquant la raison, l'équité et le droit
» naturel, le droit naturel, l'équité et la raison demandent au
» moins une représentation égale. » La voilà, je crois, la véritable cause accidentelle des premiers mouvements de la Révolution.

« Cette loi destructive de la proposition, choquant la raison,
l'équité et le droit naturel existera. »

Cette loi sera l'intérêt du puissant contre qui vont s'armer le
droit naturel, l'équité et la raison de vingt-cinq millions de
sujets, c'est la lutte qui va décider du sort de l'ancien régime.

« N'est-il pas naturel que tous les ordres profitent en com-
» mun des bienfaits du gouvernement, en supportent également
» les charges ?

» Le Tiers État ne doit être distingué que par la grandeur
» de ses sentiments et par son zèle pour la cause commune. »

C'est en effet par là qu'il se distinguera, une fois la lutte
engagée ; mais encore, aux yeux du pouvoir, le Tiers c'est la
population née pour nourrir le noble, pour payer les impôts,
pour supporter les charges et ne jouir d'aucun des bienfaits,
d'aucune des attentions des classes privilégiées, et ce n'est
que cela qui le distingue encore. Boulet l'ignore-t-il ?

« Il faudrait même, pour l'égalité des forces, que la com-
» mune eût une supériorité de nombre. N'est-il pas à craindre
» qu'entre des hommes dont la position est si différente, le
» Tiers État ne puisse soutenir le choc des opinions ? Quelle
» impression ne font pas sur les âmes les titres fastueux, les
» dignités humaines dont le clergé et la noblesse sont déco-
» rés. » Cette faiblesse ne se produira pas ; le Tiers État saura
tenir haut et ferme, en dépit de tous les titres et de tous les
honneurs, la cause du peuple. Il résistera, parce qu'avec lui,
le droit naturel et la justice seront des armes avec lesquelles
il ne transige pas.

« De quelle considération pourrait être le droit des privi-
» légiés ? En demandant la supériorité ou l'égalité des mem-
» bres, le Tiers n'entend pas porter la plus légère atteinte aux
» rangs, aux prérogatives, aux distinctions, aux honneurs,
» aux préséances, si essentiels dans une monarchie et atta-

» chés aux deux premiers ordres de l'Etat par le souverain de
» la nation. »

Mais en quoi ces honneurs et préséances sont-ils aussi essentiels ? Pourquoi des prérogatives pour les uns et l'esclavage pour les autres ?

Boulet, naturellement, doit ménager sa maîtresse, la marquise de Calvisson ; il ne peut convenir des principes de l'égalité sociale, et, quoiqu'il veuille nier l'influence du droit des privilèges, il n'est peut-être pas moins convaincu de leur considération.

« Si le clergé et la noblesse prétendent avoir des privilèges
» qui les affranchissent des devoirs du citoyen, de la consti-
» tution proportionnelle aux charges, s'ils prétendent faire
» autoriser ces privilèges, quoique contraires au droit com-
» mun, par l'Assemblée Nationale, n'est-il pas important, pour
» le Tiers Etat, de contrebalancer leurs suffrages, surtout dès
» qu'il s'agit de remplir le vide immense que je trouve dans
» les finances, de rétablir la confiance publique, et que, pour
» atteindre ce double but, il faut nécessairement créer de
» nouveaux impôts »

Cette opinion émise par le premier consul, maire de Marsillargues, est bien celle des hommes qui apporteront leurs doléances à Versailles.

Ils sont décidés à faire valoir leurs droits et leurs suffrages et à n'accepter pas une autorité dont le triomphe ne change-rait en rien une situation des plus irrégulières sans rétablir la confiance publique.

Ils lutteront pour ne pas accepter seuls les charges des impôts nouveaux nécessaires à combler un déficit énorme — 2 milliards 400 millions — dont l'existence incombait seule aux classes privilégiées et au monarque.

« Si le peuple continuait à supporter presque tout le poids
» des charges, ne serait-ce pas le tenir dans un état d'oppres-

» sion et d'avilissement qui ne manquerait pas de décourager
» l'agriculture et le commerce, qui sont les principaux nerfs
» d'un empire. Le peuple constitue essentiellement la nation,
» il doit donc voter dans l'assemblée nationale en raison de
» sa contribution et de son influence dans les charges de
» l'Etat. »

Le cri en est jeté : le peuple a désormais un rôle à remplir
dans la nation, il veut sa part dans les affaires. Qu'est-il encore ? Rien. — Que doit-il être ? Tout. Tel sera le prélude de
la lutte, dès l'ouverture des Etats. Il a trop longtemps subi le
joug d'une soumission servile et ruineuse, dont il ne retirait ni
influence, ni amélioration. Cet état d'oppression et d'avilissement a été de trop longue durée. Trève aux abus !

« Loin de nous cette idée que les privilégiés fassent des
» efforts pour s'affranchir des contributions proportionnées,
» ils ont plus de moyens, plus d'aisances, ils feront plus de
» sacrifices; ils se piqueront de générosité pour libérer la dette
» nationale, pour faire sortir du sein de la calamité publique
» une source féconde et permanente de gloire et de prospé-
» rité; ils concourront avec le peuple pour montrer à toutes
» les nations de l'univers combien sont grandes les ressour-
» ces et les forces de ce vaste empire. »

La noblesse serait donc, d'après Boulet, capable d'un élan
désintéressé et solidaire ! Et cet élan spontané irait jusqu'à la
générosité, jusqu'au souci de la gloire de l'Etat ! Le premier
consul nous paraît décidément faire trop de cas de ces vertus
imaginaires, qu'il ne se dissimule pas lui-même ; de cet engouement futur, qui se métamorphosera sous peu en un égoïsme
sans égal.

« Lors de l'assemblée de MM. les Notables de 1787, le
» clergé et la noblesse n'ont-ils pas porté au pied du trône
» leur vœu de ne point être exempts de la capitation si le
» peuple devait être chargé de quelque impôt de plus ? Heu-

» reux, disaient-ils, d'offrir ce sacrifice au Roy et de contri-
» buer par là au bienfait que Sa Majecté veut répandre, sur la
» partie la plus indigente de ses sujets. N'ont-ils pas encore
» sollicité la conversion de la corvée en une prestation pécu-
» niaire et de faire supporter sans distinction, à tous les pro-
» priétaires, une contribution dont l'emploi leur profite le plus
» pour diminuer d'autant sur la classe la plus pauvre qui en
» profite le moins ? Ces traits de patriotisme et de désintéres-
» sement consacrés dans le procès-verbal de l'assemblée de
» 1787 sont sans doute d'un heureux présage, mais le peuple
» n'en est pas moins alarmé. »

Pourquoi le serait-il, si de telles promesses doivent être
tenues ! Cette inconséquence de langage de Boulet ne s'ex-
plique guère.

Et cependant, oui, ces alarmes sont justes.

Le peuple a, malgré son ignorance et sa crédulité, démasqué
le manège sournois d'une classe qui, par son faste et son
luxe, le tient dans l'oppression et dans la misère.

Depuis 1614, il a été étranger aux affaires de la politique
gouvernementale ; si sa présence est demandée, c'est qu'elle
devient indispensable. On compte encore sur lui pour sauver
l'odieux de la situation présente.

« La plupart des bureaux de MM. les Notables insistent
» encore à faire pencher la balance des suffrages du côté des
» privilégiés, au préjudice de la réclamation de toutes les par-
» ties du Royaume au préjudice de Monsieur, frère du Roy,
» Dans cette crise la ville de Marsillargues doit-elle rester
» dans le silence ? Ne doit-elle pas déposer dans le sein du
» monarque ses craintes, ses sollicitudes ? Ne doit-elle pas
» réunir son vœu au vœu général ? A-t-elle de moins grands
» intérêts ?

» Cette ville est le chef-lieu d'un baillage et d'une vigue-
» rie, elle est la seconde du diocèze, elle a l'entrée aux Etats;

» elle paie pour 40,000 livres d'impositions et, à raison de
» cette énorme quotité, elle est rangée dans la classe des
» secondes villes de la province du Languedoc ; elle est pres-
» que toute composée de propriétaires, d'ouvriers, de culti-
» vateurs, de cette portion d'hommes si précieuse, si utile
» dans un Etat.

» Voilà, Messieurs, le tableau que j'ai cru devoir retracer à
» l'assemblée : nous sommes dans une position critique, l'as-
» semblée est en conséquence priée de vouloir délibérer le
» parti à prendre dans ces circonstances. »

Si nous écartons de ce discours, la partialité de son auteur,
partialité commandée et voulue par sa position sociale, nous y
trouvons un fond de vérité et de prévoyance qui nous étonne,
en même temps que se découvre à nous, dès la première heure
de la crise nouvelle, une situation nette des intérêts et des
devoirs de notre population. Le rôle futur du Tiers-Etat y est
tracé avec une sûreté de vue extraordinaire et tout à l'éloge
de Boulet ; nous sentons déjà la conduite et la ténacité future
des députés de demain à l'idée que se fait le peuple des devoirs
et des droits qui lui incombent désormais.

« Le Tiers ne doit être distingué que par la grandeur de
» ses sentiments et son zèle pour la cause commune, dit Bou-
» let. » Ce sera le caractère de la politique des Constitution-
nels. « Le peuple constitue la nation, dira-t-il plus loin. » Ce
sera le principe immuable qui fera la force de leur conviction
et qui assurera leur triomphe.

Le premier Consul prévoit déjà les difficultés qui résulte-
ront des inégalités sociales dans une réunion d'hommes généralement instruits et imbus des grandes doctrines de l'époque. Il veut bien détromper le peuple, mais la générosité
spontanée de la noblesse, sur laquelle il insiste avec tant de
force, ne sera qu'une utopie et son désintéressement une chi-
mère. Je ne crois pas que ses auditeurs s'y soient trompés.

De cette inégalité sociale, de la prépondérance des titres
« si essentiels dans une monarchie », doit naître, non, comme
dit Boulet, une entente selon le bon droit et la raison, mais,
au contraire, une aversion marquée et progressive pour les
classe dirigeantes. Malgré le baume que notre premier consul
venait apporter au sein de la petite assemblée, l'alarme n'était
pas moins générale et le peuple semblait attendre tout de lui.

Nous pourrons d'ailleurs nous en convaincre par la lecture
de la délibération prise à la suite de ce brillant discours.

Dans son désintéressement et son patriotisme, l'assemblée
délibèrera unanimement de supplier Sa Majesté pour ordon-
ner :

1° Que le nombre des députés du Tiers Etats aux Etats
Généraux sera supérieur, ou au moins, égal aux députés réunis
du clergé et de la noblesse ;

2° Que la ville de Marsillargues votera non seulement dans
l'élection des députés aux Etats Généraux ; mais encore qu'elle
y aura un député ;

3° Que les députés du Tiers-Etat seraient choisis parmi
leurs pairs, les propriétaires et agriculteurs ;

4° De supplier encore Sa Majesté, pour calmer les alarmes et
l'agitation du peuple, d'arrêter dans son conseil que le clergé
et la noblesse contribueront proportionnellement à toutes les
charges publiques sans distinction ;

5° Que tous ceux qui sont attachés au clergé ou aux seigneurs ne soient ni éligibles, ni électeurs ;

6° Qu'on votera par tête et non par ordre ;

7° Que la présente délibération sera imprimée et qu'extrait
en sera envoyé, à la diligence de MM. les officiers municipaux,
à Monseigneur le Garde des Sceaux, à Monsieur de Villedenil,
secrétaire d'Etat ayant le département de la province de Languedoc, à Monseigneur de Necker, ministre de l'Etat et directeur général des finances et à Monseigneur, intendant de cette

province, en les suppliant de mettre cette délibération sous les yeux de Sa Majesté et de MM. les Notables. »

Mais, que de choses demandées, incompatibles encore avec la situation présente : nombre égal de députés, contribution générale et proportionnelle aux impôts, vote par tête et non par ordre, voilà autant de questions qui demandent à être discutées avant d'être adoptées ; voilà autant de points incertains où vont se heurter les rêves et les espérances du Tiers Etat.

Tels furent les cahiers du Tiers ; telles furent ses revendications. De tels progrès devaient marquer autre chose qu'une évolution ; ils avaient la rudesse et l'éclat bruyant d'une véritable révolution.

Cependant, ces divers actes nous disent avec plus de précision et de force que ne le ferait aucune discussion quel est l'esprit du peuple, quelle est la situation de la politique gouvernementale. Et si nous voulons pousser jusqu'à la comparaison le régime présent et l'absolutisme des Richelieu, des Mazarin et des Louis XIV, de cette série d'hommes et de gouvernements qui ont immortalisé les deux siècles précédents ; nous en conclurons qu'un peuple qui, après le plus vif désintéressement à la cause publique et le plus oppressant esclavage, demande et exige de telles réformes, est fort et confiant. Il doit être le vainqueur des luttes de demain.

Ce qui précède nous apprend encore, et c'est un point essentiel pour l'histoire qui nous occupe, quelle était, à la fin du siècle précédent, l'importance de notre localité et sa place dans la nation.

Nous y voyons, soyons-en fiers, une population « presque toute composée de propriétaires, d'ouvriers et de cultivateurs ; de cette portion d'hommes si précieuse, si utile dans un Etat » ; nous apprenons que l'énorme part d'impositions qu'elle verse — 40.000 livres — en fait une des premières villes du Languedoc ; elle a donc quelque droit aux revendications générales du royaume.

Si nous devons tirer de la délibération prise à la veille des journées de la Révolution une opinion sur le caractère des Marsillarguois de l'époque, elle sera toute à leur éloge : ils veulent propager le succès du bon droit et de la raison au temps de l'absolutisme et de l'empirisme ; ils veulent le triomphe de la cause populaire ; leurs opinions sont donc compatibles avec le progrès général qui semble dominer notre pays. Puissent leurs fils ne pas avoir périclité, et puissent-ils encore donner à la France de demain l'exemple d'une population saine et bien pensante !

Presque en même temps que l'avis de convocation aux Etats Généraux, une lettre, arrivée de Nimes, émanant des commissaires des trois ordres réunis de la ville, invitait notre communauté à envoyer des députés du clergé, de la noblesse et du Tiers Etat à une assemblée générale du diocèse, qui devait avoir lieu le 29 décembre 1788. L'objet de cette assemblée était de demander au roi et à son conseil la réforme des Etats du Languedoc, et de supplier Sa Majesté de les constituer conformément à ceux de la province du Dauphiné.

Cette lettre fut prise en considération et trois députés du Tiers furent envoyés du diocèse de Nimes à l'Assemblée ; ce furent Vignole, avocat ; Anglas, médecin, et Gachon, bourgeois.

Ainsi, de toute part, l'on désire l'ordre et le meilleur arrangement des choses ; dans notre Midi où les classes privilégiées n'ont jamais trop abusé de leurs prérogatives, où le peuple n'a jamais eu trop à souffrir de la féodalité, nos pères auraient peut-être assisté à un accord général des ordres, à une entente qui eût fait éviter les grandes crises de la Révolution.

Nos Méridionaux avaient moins souffert de l'ancien régime que les hommes du Nord et leurs seigneurs leur eussent fait des concessions plus grandes;.... mais il fallait se diviser.

L'état des esprits et des choses exigeait dans l'Assemblée des États Généraux, la séparation des ordres.

Le Conseil des députés de la sénéchaussée se tint à Montpellier le 31 mars 1789; la communauté de Marsillargues avait envoyé quatre députés, c'étaient les nommés Mathieu Joubert, Anglas, Vergnes et Lacombes. Ils reçurent chacun une allocation de six livres par jour, reconnue par Monseigneur l'Intendant de la province.

L'Assemblée dura 64 jours, ce qui nous prouve qu'elle continua encore ses états après le 5 mai, alors que les députés élus étaient à Versailles.

Les deux députés élus pour représenter la sénéchaussée furent Jac et Verni.

Le corps administratif de Marsillargues demandant au Roi une députation particulière pour notre ville, en raison de son importance, n'avait donc pas réussi; déjà l'une des clauses de la délibération du 26 décembre était battue et éliminée. Les autres, ce seront celles de la majorité des Français, seront discutées à Versailles au 5 mai.

Avec quel intérêt les habitants de notre communauté suivirent-ils les événements qui occupent les débuts l'époque révolutionnaire? quel fut leur enthousiasme?

Lisons la lettre qu'ils envoyèrent aux députés du Tiers-Etat lors de la réunion des trois ordres:

Marsillargues, le 9 juin 1789.

Messieurs des Communes,

La nouvelle de la réunion des trois ordres a répandu dans notre ville la plus grande joie et nous venons de la manifester par des réjouissances publiques.

Nos cœurs auraient-ils été insensibles à un évènement si précieux ! Cette œuvre, dont le résultat va faire le triomphe de la France, nous le devons, Messieurs, au courage et à la fermeté inébranlables des communes, fondés sur les plus grands principes d'équité ; hé ! ne leur en exprimerions-nous pas notre vive reconnaissance?

Puissiez-vous, Messieurs, achever l'œuvre de la félicité publique, et, après avoir concouru à l'entière régénération de la France, au bonheur de l'État et à la gloire de notre souverain monarque, venir cueillir les lauriers qui sont réservés à votre fidélité et à votre constance. Tels sont les sentiments sincères que s'empressent d'adresser à l'auguste Chambre des Communes de France les habitants de Marsillargues. Nous avons l'honneur d'être, avec une profonde vénération, Messieurs des Communes, vos humbles et très obéissants serviteurs.

Il fut répondu de Versailles, le 3 août 1789 :

L'Assemblée nationale reçoit, avec satisfaction, le témoignage du respectueux dévouement de la ville de Marsillargues et elle me charge de vous en témoigner sa reconnaissance.

Signé : LE CHAPELIER,
Président de l'Assemblée nationale.

Nos archives portent encore quelques indices sur la marche générale des événements :

Ils nous apprennent quel fut l'esprit de notre population durant les troubles qui vont suivre ; ils nous disent avec quel intérêt elle suivit les premières journées de la Révolution.

D'abord, le 24 mars, nous assistons à la démission de Boulet. Le premier consul, maire de Marsillargues, fait abandon des honneurs qui lui avaient été dévolus. Comme ses pouvoirs avaient été prolongés, cette continuation n'avait pas été à l'abri de la critique ; à cette époque où « l'esprit d'effervescence générale avait gagné cette contrée », un certain nombre de nos concitoyens, dit le procès-verbal de la délibération qui mentionne cet acte, ont cru :

1° Que les règlements étaient violés par cette continuation de pouvoirs;

2° Que ledit Boulet étant bailli, maire et personne de confiance de Mme de Calvisson, réunissait des qualités incompatibles; et celui-ci, qui s'est toujours montré jaloux de l'unanimité des suffrages, voyant qu'il ne les réunissait plus, a, d'un côté, donné sa démission pure et simple de sa charge, et, de l'autre, a fait auprès de nous les démarches les plus instantes pour nous engager à accepter son désistat.

« Après avoir rendu hommage à son esprit d'équité, d'intelligence et de capacité », l'Assemblée accepte cette démission, quoique à regret.

La démission de Boulet, voilà le prélude d'une lutte sourde entre les autorités constituées, dont l'opinion sera des plus libérales, et les partisans du régime agonisant. Déjà, la population s'aigrit contre tout ce qui lui fera obstacle et obstruera ses vues; tout ce qui est noblesse ou a des relations avec elle est l'ennemi qu'il faut combattre. Boulet a essayé d'apaiser cet engouement par des assurances que les événements ont déjà déçues à l'heure actuelle; il ne peut, sans froisser l'opinion publique, diriger la politique locale. Il doit se retirer, dépité et haineux, et s'engagera dans la plus ignoble des oppositions, dans une lutte des plus sourdes contre ses successeurs.

Le 19 juin, « les membres qui composaient le Conseil d'administration voyaient avec peine que le siège du procureur fiscal était plus élevé et avait un degré apparent de prédominance sur celui de MM. les conseillers politiques ». Ceux-ci, « croyant faire devoir cesser ces abus, manifestèrent leur désir à ce que l'ordre du siège du procureur fiscal fût changé » et firent donner ordre au valet de ville, par le premier consul, pour que le siège fût ôté et mis dans la place et forme convenables. »

Le 21 du même mois, le procureur, s'étant rendu à la séance du corps administratif en costume de couleur « et non en robe avec laquelle il remplissait les fonctions de son état », s'aperçut que son siège manquait et se retira, malgré que le premier consul lui fît remarquer « qu'on n'entendait point l'exclure de l'assemblée, ni le priver du siège qui lui était dévolu, mais qu'il était simplement question de déterminer l'ordre du siège qu'il devait occuper ». La chose fut dénoncée à Mme la marquise de Calvisson, comme attentatoire à ses droits et l'on en appela en voie criminelle.

Le procureur fit appeler plusieurs témoins pour déposer en conséquence devant M. le Sénéchal criminel, et le conseil lui-même prit fait et cause pour le premier consul, « reconnaissant qu'il n'avait fait que remplir son vœu en changeant l'ordre du banc du procureur juridictionnel, et qu'il était juste de le garantir du trouble qui pourrait lui être causé »; de plus « il insista plus fort » pour le changement demandé.

La guerre est déclarée aux nobles. Pourquoi la place du représentant seigneurial est-elle, au conseil du peuple, plus apparente que celle des conseillers ? Pourquoi cette inégalité ? Pourquoi cette distinction ? Ce sont les grands principes de la Révolution qui s'affirment, et, tout d'abord, c'est l'égalité qui naît la première.

Le procureur fiscal dut céder, et le banc fut mis à une autre place, où rien ne le distinguait par sa situation de ceux qui l'entouraient.

C'est déjà la victoire du peuple ; c'est le triomphe de l'égalité ! Ah ! combien durent en souffrir la marquise de Calvisson et son prétentieux représentant !

Pendant ce temps, le peuple parisien faisait le 20 Juin, le Tiers-Etat triomphait : quelques jours plus tard, au 14 juillet, la Bastille allait être prise ; le Français devenait libre ; les classes privilégiées devaient céder.

CHAPITRE III

DU 14 JUILLET 1789 AU 14 JUILLET 1790

LES MILICES ET LES FÉDÉRATIONS

Après le 14 juillet 1789, le peuple sembla vivre d'une vie nouvelle, une autre ère s'ouvrait à lui. La noblesse et le clergé comprenaient l'importance de cette mémorable journée ; ils sentaient le poids de leur perte et en pouvaient déjà mesurer les conséquences ; quelle rude leçon !

Le peuple venait de leur apprendre qu'il comprenait maintenant son rôle, qu'il était prêt à le conquérir, si on ne voulait pas le lui laisser librement jouer ; cette première victoire en annonçait bien d'autres ! Après avoir conquis la liberté, le Français allait mettre au jour l'esprit de fraternité : victoire des victoires, car ce fut celle de l'humanité tout entière.

Le 2 août, à une heure de l'après-midi, un Conseil général est tenu à l'Hôtel de Ville de Marsillargues, auquel assistent MM. les consuls et les citoyens de tout rang et de tout état, sans distinction d'ordre.

« Les habitants, imbus de cette vérité que la force des
» citoyens consiste dans l'union des volontés, dans un zèle
» égal pour les intérêts de la patrie ;

» Considérant que les ennemis du bien public ont osé em-
» ployer les voies les plus criminelles pour s'opposer aux
» vues bienfaisantes de notre monarque et au grand œuvre de

» régénération de la France, auquel les représentants de la
» nation sont entièrement dévoués ;

» Que les auteurs de ces cabales odieuses ont mis le
» Royaume dans le plus grand danger en trompant la sagesse
» du plus chéri des Rois, en le portant à renvoyer les minis-
» tres en qui tout le Royaume met avec juste raison sa con-
» fiance ;

» Que ces trames, qui couvriront d'un éternel opprobre les
» auteurs, quand bien même ils échapperaient à la justice de
» la Nation, ont été ourdies dans le moment où la réunion des
» ordres si désirée venait de s'opérer à la satisfaction du
» Royaume ;

» Que la sagesse de nos généreux représentants et le vrai
» zèle patriotique des bons citoyens de notre capitale ayant
» éclairci cet heureux complot sans néanmoins en avoir décou-
» vert tous les complices, la liberté publique est encore
» menacée ;

» Que, froissés des brèches faites à la patrie, des dangers
» qui la menacent encore, ils reconnaissent que, dans ces cir-
» constances, tout citoyen doit veiller à la sûreté publique, et
» cimenter s'il le faut de son sang l'édifice de la prospérité
» de ses concitoyens pour repousser également les ennemis
» de l'Etat et ceux qui semblent menacer leurs foyers ;

» Nous avons délibéré de former un bataillon de milice
» bourgeoise et avons par acclamation, nommé pour commice
» en chef, messire noble André d'Anglas, chevalier de l'ordre
» militaire de Saint-Louis, qui, accompagné de MM. Vergnes,
» Anglas, Lacombe, Jean Vignoles, commissaires élus par le
» Conseil, sont priés de se retirer devers Monseigneur le
» Comte de Périgord, commandant en chef de cette province,
» pour le supplier de donner la sanction à un établissement
» dont le but n'est pas seulement de défendre leurs foyers,
» mais encore de voler au service de ceux qui, en réclamant

» leur assistance, leur fourniront les moyens de démonstra-
» tion du zèle patriotique, de l'amour fraternel qui brûlent
» dans leurs cœurs ;
  » Que MM. les commissaires solliciteront, de plus, auprès
» de ce digne commandant, des armes destinées à des citoyens
» qui, en les recevant des mains d'un des protecteurs de la
» patrie, jurent de ne les employer que pour la défense de
» l'Etat et la gloire du souverain .»

Déjà, par des délibérations semblables, de pareilles milices communales avaient été créées à Montpellier et à Nimes.

Le comte de Périgord autorisa, en date du 4 août, la création de cette force nouvelle. Il était dit dans son autorisation de n'y employer que des gens sûrs et de bonne volonté, de réduire le service de la milice à ce qui devait être indispensablement nécessaire afin de pourvoir à la tranquillité.

La milice bourgeoise était désormais formée. Le 10 août, les soldats citoyens prêtèrent serment de fidélité envers le Roi et la Patrie, promirent et jurèrent d'obéir au commice en chef, André d'Anglas.

Le même jour, on nomma un Conseil permanent, auquel l'administration de la milice était confiée. Il était composé de MM. les consuls, du curé Costecalde, du pasteur Pradel, de MM. Boulet, bailli, Colombier, Gachon, Joubert et Anglas, bourgeois, et des chefs des compagnies. Les séances devaient se tenir les jeudis de chaque semaine ; dès le début de son action, un emprunt de 1200 livres lui était autorisé pour les fournitures de la milice. Cette somme, comme celles qui devaient être employées dans la suite, étaient confiées à deux hommes nommés trésoriers, pris parmi les membres du conseil, et qui avaient des comptes de leur gestion à lui rendre.

La présidence du Conseil fut dévolue au maire Vignole,

c'était elle qui avait le droit de convoquer l'assemblée toutes les fois que sa prudence et les circonstances l'exigeaient.

Le service de la milice comprenait cinq compagnies, dont une à cheval, dont le commandement fut donné à André d'Anglas.

A la tête de chaque compagnie était un capitaine : Louis Mourgues avait la direction de la cavalerie et les capitaines de l'infanterie étaient : Vergnes, Maurin, Puech et Daumas, bourgeois.

Un second serment de fidélité au Roi et à la Patrie fut prêté le 18 août devant les nouveaux chefs, par tous les soldats. Les officiers prêtèrent le même serment, devant le conseil permanent.

L'organisme fondamental de la milice était créé ; elle était fondée, organisée ; les membres étaient pleins d'un enthousiasme patriotique et fraternel ; elle allait maintenant entrer en relation et s'unir de cœur et d'intention avec les milices des villes voisines.

Quel énorme progrès avaient accompli nos populations méridionales et demain, comme elles, la France entière.

S'unir contre des ennemis communs, se grouper autour d'une même cause, s'organiser pour parer aux dangers d'une incohérente faiblesse, telle fut l'origine de ces mouvements populaires qui ont fait le sublime de notre Révolution.

Le 4 août, Vignolle, président du conseil permanent, fut député à Montpellier, pour présenter au corps administratif de la milice de cette ville la délibération du conseil général du 2 août et les hommages de notre communauté, et demander l'union des deux forces communales au nom des gardes nationaux qu'il représentait. La proposition fut reçue avec enthousiasme, et, le jour même, la lettre suivante fut envoyée à l'Assemblée nationale, comme pour lui prouver l'entente patriotique des populations méridionales :

Messieurs,

Nous avons l'honneur de vous adresser le traité d'alliance formé entre la ville de Massillargues et celle de Montpellier. Nous nous empressons de vous prouver dans toutes les circonstances, combien cette union nous est précieuse.

Nous sommes avec une respectueuse considération, Messieurs, votre très humble et très obéissant serviteur.

Le conseil permanent de la ville de Montpellier.

Cependant, il fallait des armes et un costume à la garde nationale qui venait de se former. Les 1,200 livres d'emprunt allaient être mises à contribution.

L'armement demandé au comte de Périgord n'était pas encore obtenu ; au premier octobre, le conseil permanent présenta à Monseigneur l'intendant une requête en vue d'obtenir 200 fusils armés de leurs baïonnettes, ce qui lui fut accordé. Mais dans la suite, le nombre de ces armes se trouvant insuffisant, une seconde demande de 100 autres fusils fut faite afin que ce manque ne troublât pas l'harmonie qui régnait dans le corps des gardes nationaux—la milice bourgeoise était devenue garde nationale le 4 août.— Ils étaient tenus de s'habiller à leurs propres frais ; tout était donc réglé. Nous verrons dans la suite combien ces gardes nationales rendirent de service au point de vue de la défense et du maintien de l'ordre. Leur fanatisme patriotique et déjà républicain sera demain la seule arme de la France. Honneur donc à ces soldats citoyens qui soutiendront toujours la foi ardente d'un peuple fier de sa prospérité; honneur à l'esprit qui les anime, à la fraternité qui les fortifie. Ceux de notre ville nous montreront, aux troubles prochains de Nimes et d'Avignon, ce que peut leur amour et leur cœur.

Pendant que la province s'unissait à la province et que leur union, tout d'un élan, créait une France forte et nouvelle sur la France d'antan, provinciale et routinière, la Constituante faisait des progrès ; après avoir pris la Bastille, elle avait, dans la nuit du 4 août, conféré l'égalité de tous les Français.

Le peuple de Paris, dans les journées des 5 et 6 octobre, avait ramené Louis XVI dans la capitale, comme pour marquer sa nouvelle autorité.

La proclamation « des droits de l'homme » venait dire à tous : « Français vous êtes libres, Français vous êtes égaux. » Peuple, travaille, ton avenir est désormais en tes mains ; citoyen, vis heureux et sois fier de toi-même, tu es désormais un homme.

Tous ces événements enthousiasmaient la foule, elle devenait insensiblement révolutionnaire, parce qu'elle tirait de cette lutte des avantages toujours croissants, des droits toujours plus étendus ; parce qu'elle était conforme à ses principes, et n'en était, en somme, qu'une conséquence naturelle.

Le 5 septembre, paraît un vœu général des habitants de Marsillargues, demandant à faire une fête locale pour célébrer l'événement du 4 août. Quoique l'expression de la masse entière de la population, elle n'eut pas de suite. Voyons-y cependant comme une adhésion aux événements de l'époque.

Comme toutes les politiques, celle de la Révolution avait des partisans et des ennemis.

Briguer des troubles, *tramer* des complots, décourager un peuple qu'ils croyaient naïf, trop ignorant et crédule ; telle fut des ennemis du nouveau régime la nouvelle conduite, à l'aube d'une action si généreuse et si bienfaisante. Elle ne devait leur servir qu'à fortifier l'œuvre et à hâter la marche du progrès rénovateur.

D'après le procès-verbal d'une délibération du Corps municipal, du 14 novembre, il est dit que certaines personnes, ennemies du bien public, ont répandu dans les villes de Montpellier, d'Aigues-Mortes et de Saint-Laurent-d'Aigouze et autres lieux, que les protestants de Marsillargues avaient menacé les catholiques romains et les avaient déjà obligés à quitter leurs foyers, et que, pour se dérober à leur fureur, ces mêmes personnes s'étaient réfugiées çà et là.

« L'assemblée, alors, considérant les funestes conséquences qui pourraient résulter de la crédulité de la calomnie atroce dont on a osé inculper les vrais citoyens, doux et paisibles, qui, dans tous les temps ont donné des marques de la plus parfaite soumission au Roy et à la Nation et qui vivent dans la plus parfaite union, a unanimement délibéré de députer six catholiques romains auprès de MM. de la Commune de Montpellier et M. le comte de Périgord, pour leur communiquer la présente délibération et les supplier de nommer tel nombre de commissaires pour prendre, dans cette ville, telles informations que besoin sera pour rendre justice aux habitants de Marsillargues, afin de faire tomber des bruits aussi calomnieux et qui peuvent tirer aux plus grandes conséquences. »

Voilà encore les doutes et les incertitudes du peuple qui voit partout trahison et ennemis ; mais des ennemis qu'on ne découvre pas, des bruits qu'ont rapportés « certaines personnes » ou « que l'on a dit », mais que la foule accepte sans vérifier, tant elle se croit toujours isolée ou trahie. Peuple, compte sur toi-même, ainsi naîtra bientôt un besoin de se solidariser, de s'unir pour s'aimer après s'être défendu ; de s'aimer, parce qu'on pourra avoir confiance. Ce sera l'œuvre de la Fédération.

Malgré cela, Marsillargues paraît assez tranquille durant la fin de l'année 1789. Avec quels serrements, quelles attentions fébriles, mais aussi avec quel enthousiasme doit-on suivre la Constituante qui travaille, selon la noble expression du temps, au grand œuvre de la Régénération de la France ?

Après les journées houleuses d'octobre et de septembre, les

luttes de partis sont apaisées et la Constituante veut donner une Constitution à la nation.

Dès le début de l'année 1790, paraît la loi de janvier, sur l'organisation administrative de la France ; le système féodal et l'organisation provinciale sont désormais abolis ; il faut constituer les municipalités.

Les citoyens actifs de Marsillargues se réunirent, le 1er février 1790, dans l'église paroissiale, et, devant Fontanier, avocat du Parlement, élurent un maire. Sur 381 votants, 379 voix se portèrent sur Vignolle, homme droit et sympathique, à qui l'on avait déjà confié l'administration municipale lors de la démission de Boulet.

Le lendemain, 2 février, on procéda à l'élection des officiers municipaux. La population de Marsillargues étant, à cette époque, de 3.280 habitants, il fallait en élire huit, — populations comprises entre 3.000 et 10.000 âmes.

Voici comment se répartirent les suffrages, le nombre des votants étant de 381 :

<pre>
Anglas, docteur. . . . .   343 voix
Lacombe, négociant. . . . . .   338 —
Bassaget de Jonine, bourgeois.   326 —
Fontanier, avocat. . . . . . .   320 —
Louis Daumas, bourgeois. . .   320 —
Louis Mourgue,   —   . . . 312 —
Charles Jean,   —   . . . 324 —
Gachon père,   —   . . . 309 —
</pre>

Les citoyens actifs, réunis encore le jour qui suivit, à cinq heures du soir, afin de donner aux gens de la campagne le temps d'être de retour de leur journée de travail, l'on procéda à l'élection du procureur de la commune et de 18 notables.

Le corps administratif était entièrement élu ; il prêta sermcnt à l'hôtel de ville, le 5 février. Tout était désormais régulier, un régime nouveau commençait.

Si les partisans de l'ancien régime ne tentèrent pas, à Marsillargues, de coup notoire, le calme n'y était cependant que très relatif ; nous trouvons, en effet, des traces d'une hostilité permanente et soutenue.

Le discours suivant, que prononça Vignolle au corps municipal, dans sa séance du 24 mars, peut nous le prouver :

« Messieurs,

» C'est avec douleur que j'ai l'honneur de vous entretenir des troubles et des divisions qui règnent dans cette ville. *Il n'est aucune voie de réconciliation que nous n'ayons employée pour faire renaître l'ordre et le calme*. Mais les ennemis du bien public, faisant mouvoir le ressort que leur méchanceté leur suggère, ont mis le comble au désordre actuel ; c'est ce qui nécessite pour nous, Messieurs, de prendre des moyens efficaces pour protéger la propriété, les personnes et la perception des impôts. Quand ce devoir ne serait pas gravé dans nos cœurs, il est expressément prescrit par divers décrets de l'Assemblée nationale, sanctionnés par le Roi. »

Après ce court préambule, suit l'exposition de quelques faits qui troublèrent Marsillargues la veille de ce jour et qui ne manquèrent pas d'alarmer les esprits.

Le curé, Costecalde, s'était attiré l'aversion d'une certaine partie de notre population. Comme il allait à la messe, accompagné de quelques officiers municipaux et de quelques fidèles, il fut insulté et menacé par un certain nombre de « mal intentionnés », sans qu'il pût être défendu par ceux qui le suivaient.

Le Conseil, dès lors, considérant « qu'il pourrait résulter du malheur, vu l'acharnement odieux que manifestaient quelques ennemis du bien public, délibéra de mettre sous la sauvegarde spéciale de la municipalité et des citoyens bien intentionnés la personne du curé ». Et, pour rendre cette protection plus efficace, il fut encore délibéré :

1° Qu'il serait établi une garde de jour de 10 hommes devant accompagner le dit curé à l'église, assister aux offices et le ramener chez lui — attendu l'éloignement de son presbytère ;

2° Que toute insulte directe au curé ou à tout citoyen serait punie de prison ;

3° Que des troubles pouvant se produire, — il y a nécessité d'acheter 200 fusils — ils ne seront livrés que le 5 mai ;

4° Qu'en attendant que l'armement soit général, il serait envoyé des députés auprès de M. le commandant de la province, pour avoir, par intérim, un nombre de fusils suffisants ;

5° Que, vu la nécessité présumée où l'on serait d'appliquer la « Loi martiale », les députés devaient demander une compagnie de troupes réglées pour prévenir les dangers.

Pour en arriver à de telles mesures, il fallait que l'agitation fût grande, et qu'elle menaçât de grandir encore ; il fallait que les troubles devinssent dangereux, et que les ennemis du bien public persistassent dans leurs entreprises et dans leurs complots.

Et, en effet, dès le lendemain du jour où cette délibération fut prise, nous voyons un nommé Cabrol insulter le curé au sortir de l'église, alors qu'il était accompagné de la garde. Il fut condamné à 24 heures de prison, et son jugement fut affiché et rendu public pour le maintien de l'ordre et de la tranquillité publique.

Quelque temps après, de nouvelles agitations se produisent ; c'est maintenant une partie de la population qui s'y mêle ; mais, à la régularité de la manœuvre et du procédé, on croit deviner que quelque meneur excite et dirige ces gens exaltés. Le 15 avril, le Corps Municipal reçoit de M. l'intendant de Lunel un avis portant : qu'un notable, un dénonciateur qui se cache, méconnaît l'administration locale et inculpe l'autorité publique.

« Les ennemis du bien public n'osaient plus troubler ouvertement l'harmonie qui régnait parmi le peuple ; mais, prenant des routes obscures et détournées, ils n'avaient point renoncé à mettre des entraves aux travaux du Corps Municipal, à le lasser par de fausses alarmes et jusqu'à décréditer par de faux rapports ses opérations les plus légitimes. »

Ce meneur ne tarda pas à être découvert. Dix jours après, Vignolle, maire, communiquait au Conseil un écrit intitulé : *Réfutation d'une délibération sans date* et il disait lui-même :

« J'ai cru voir dans cet écrit diffamatoire l'explication des bruits qu'on avait répandus dans le voisinage, et qui avaient déterminé la délibération du 15 courant tendant à découvrir les ennemis du bien public.

» Le style dans lequel le mémoire a été écrit et la manière dont il a été distribué est une insulte à la Municipalité, dont l'existence doit être rendue respectable à tous les citoyens qui veulent en être protégés, et doit être nécessairement défendue contre ceux qui voudraient s'en déclarer les ennemis. »

Il fut enfin délibéré que le mémoire serait présenté à l'assemblée générale. Celle-ci, réunissant les citoyens actifs de Marsillargues, en date du 2 mai, entendit le discours suivant que prononça le maire :

« Messieurs,

» Personne n'ignore avec quelle prodigalité on vient de répandre dans la contrée et dans les villes principales qui l'entourent un imprimé volumineux, signé *Boulet* et intitulé : *Réfutation d'une délibération sans date.*

» Cet imprimé m'a été personnellement signifié en ma qualité de maire de la part du sieur Boulet, bailli, et ce n'est point sans étonnement que j'en ai pris lecture.

« L'auteur du mémoire, sous le prétexte spécieux de justifier au tribunal de l'opinion publique les abus d'une administration qui n'a été encore disputée que dans le sein de la Municipalité, se livre aux inculpations les plus atroces, non seulement contre cette même Municipalité, mais encore contre le peuple qu'il accuse des plus horribles violences.

» S'il faut en croire les lamentations romanesques du sieur Boulet, il est poursuivi depuis un an par une cabale qui a résolu d'engloutir son honneur, sa vie et sa fortune ; tandis qu'avec seize ans d'une administration arbitraire et despotique dont il n'a jamais rendu compte, cet ancien premier consul n'a été jusqu'à présent soumis qu'à l'examen paisible de quelques commissaires.

» Son imagination effrayée lui fait voir partout des ligues, des complots tramés pour le perdre ; tantôt c'est un club, tantôt ce sont des habitués d'un petit Palais-Royal qui conspirent sa ruine, forment des insurrections et trompent l'aveugle confiance d'une peuple crédule, parce qu'il est simple, peu instruit et ami du merveilleux.

» Le sieur Boulet ne craint pas de publier qu'il a été menacé par ce bon peuple d'être assiégé, incendié, assassiné ; il lui attribue le dessein d'avoir voulu exercer à son égard le jeu cruel de la lanterne, comme si les habitants honnêtes et éclairés de cette ville avaient jamais pu concevoir de pareils forfaits, et comme s'il était possible de lui donner la plus légère vraisemblance.

» C'est ainsi que le sieur Boulet, dans un mémoire destiné à sa justification, commence par attaquer ses concitoyens en excitant la pitié de ses amis et en menaçant ses prétendus ennemis, en se jactant, avec une fierté composée, qu'il les attend de pied ferme et qu'il est prêt à se défendre envers et contre tous. »

Le Maire expose dans la suite les rapports des commissaires

chargés d'examiner les comptes que Boulet devait de son administration et de l'administration du Conseil précédent ; après quoi il s'écrie :

« Quel a donc été le but artificieux de ce mémoire répandu avec tant d'affectation et distribué avec tant de complaisance ? De prévenir le public en sa faveur, de capter son suffrage, de jeter, en même temps, sur la ville de Marsillargues et ses administrateurs actuels tout l'odieux d'une persécution chimérique ; de faire regarder le plus grand nombre de ses concitoyens comme des brigands avides de pillage, de meurtre, d'incendie, et d'appeler ainsi sur eux les cris de l'horreur, de l'indignation publique.

» Je n'ai pas cru pouvoir, Messieurs, vous dissimuler une injure aussi éclatante et aussi directe contre le caractère et la dignité d'un peuple qui s'est toujours distingué par la douceur de ses mœurs et son exacte soumission aux lois protectrices de la police générale.

» Mais, comme il est réservé à l'autorité légale de punir la calomnie, et attendu que le sieur Boulet repousse ouvertement les voies pacifiques de la conciliation embrassée par la commune pour la plupart de ses comptes, j'ai l'honneur de vous proposer de délibérer s'il sera fait une respectueuse adresse à l'Assemblée Nationale pour en obtenir un décret qui renvoie tant la connaissance desdits comptes que les fausses et calomnieuses imputations insérées dans le mémoire devant l'Assemblée du département. »

Quel était le but du mémoire ? Il est peut-être nécessaire de dire que lorsque Boulet, maire, premier consul, donna sa démission volontaire, l'état financier de la commune était des plus défectueux. Durant son administration, des dépenses irrationnelles et peut-être illégales furent faites. La commune était fort endettée, ce qui obligea son successeur, Vignolles, à lui demander des comptes de son mandat délaissé. Des enquêteurs furent nommés, ainsi que des commissaires, pris parmi les consuls et officiers municipaux, pour vérifier les actes de l'administration précédente.

Boulet refusa d'abord de livrer ses livres et ses registres, mais, obligé par la loi de les mettre entre les mains de l'administration qui les lui demandait, il se contenta de nier des dépenses reconnues irrationnelles, et ne put se défendre qu'insuffisamment contre les accusations qui lui étaient portées. Il fut condamné à une forte indemnité qu'il dut verser entre les mains de l'administration nouvelle. Cette vérification fut le pourquoi de cette haine et de cette aversion dont la municipalité devait subir l'outrage; le mémoire intitulé : *Réfutation d'une délibération sans date*, devait être pour lui un moyen de vengeance servant à exciter le peuple et à le tourner contre une administration bienveillante et protectrice de ses droits et de ses propriétés. L'acte de Boulet était une pure diffamation, c'était une calomnie méchante et vengeresse, elle devait être punie. Aussi par délibération du Corps municipal, le maire fut chargé de prendre consultation de tel avocat de la ville de Montpellier qu'il voudrait choisir pour faire « punir l'insulteur et dresser l'instruction du procès ». L'affaire allait se continuer, qu'allait devenir l'homme de confiance de la marquise de Calvisson ?

Pendant que Marsillargues était troublé par des ennemis du bien public et que sa population déjà excitée était agitée par des menées toujours nouvelles, la garde nationale s'organisait. Elle achetait et recevait, le 5 mai, 100 fusils, elle recevait des écharpes et des bannières dont nous trouvons une minutieuse description dans le registre des délibérations du Corps municipal : « Les écharpes réservées aux membres du conseil permanent et aux officiers étaient en satin de Lyon, aux trois couleurs de la nation, garnies d'une frange en soie et avec un bouillon formant trèfle, qui devait reposer sur l'épaule. Les franges étaient de couleurs différentes. Les huit écharpes destinées à l'administration (maire et membres du conseil permanent) avaient une frange blanche ; les deux autres, destinées au chef de la cavalerie et de l'infanterie, avaient leurs franges, l'une jaune d'or, et l'autre violette. Il fut en outre acheté un drapeau de taffetas blanc, avec quatre glands et six cordons, un deuxième en taffetas d'Angleterre aux trois couleurs de la Nation avec les glands en soie aux dites couleurs et portant les devises suivantes, d'un côté :

VIVRE LIBRE OU MOURIR

et de l'autre :

LA LOI, LE ROI. — ASSEMBLÉE NATIONALE

Les dragons eurent un étendard formé de deux taffetas d'Angleterre, joints, l'un vert et l'autre rose, sur lesquels étaient peints des trophées. L'étendard était en outre frangé, deux glands étaient suspendus aux deux côtés et une cocarde de rubans aux trois couleurs était plaquée à la partie supérieure sur la couture des deux taffetas. Le bâton était orné de fleurs de lys.

Nos soldats citoyens avaient désormais leurs emblèmes où venaient se mêler, aux couleurs de la Nation, les fleurs de lys des Bourbons, symbolique alliance du peuple et de la royauté. Vivre libre ou mourir, telle était leur devise ; puisse-t-elle, avec eux, faire demain le tour du monde.

Le Corps municipal lui-même s'occupait d'une question très importante ; venaient de paraître les décrets de la Constituante sur la sécularisation des biens du clergé et l'aliénation des biens de la noblesse. Il fallait en instruire le peuple. Le Conseil général fut donc réuni pour y entendre le discours suivant, prononcé par son président :

« Nous devons autant qu'il est en nous seconder nos nobles représentants de la nation, nous l'avons juré, nous ne serons point parjure. Le moment est venu où nous pouvons contribuer, autant qu'il est en nous, aux opérations tendant au bien de la chose publique, en adhérant aux décrets de l'assemblée natio-nale qui ont décrété l'aliénation des biens domaniaux et ecclésiastiques à concurrence de 100 millions de francs et vous mettent en même, en admirant les immortels travaux de l'Assemblée nationale, de les seconder autant qu'il est en vous par l'acquisition des biens ecclésiastiques situés dans le terroir de cette municipalité. Je me plais à croire que votre patriotisme vous fera délibérer conformément à mon vœu.

L'assemblée délibéra unanimement d'acquérir tous les biens ecclésiastiques situés dans le terroir de Marsillargues et éva-lua leur ensemble à 130,000 livres environ.

Comment ne pas admettre que le peuple comprenait mainte-nant ce que c'était que la Nation ; mais une Nation qu'il avait pétrie et sauvée. Il fallait combler le déficit laissé par l'ancien régime : 2 milliards 100 millions, et la France entière se dépense pour acquérir les biens ecclésiastiques et seigneuriaux; chacun veut apporter son obole pour effacer la honte de la Nation. Le Français est devenu patriote, parce qu'il est devenu Français.

Et Marsillargues, comme toute la France, d'ailleurs, se jette dans cet enthousiasme général, dans cette folie patriotique: les biens ecclésiastiques et domaniaux, les assignats.

Quel engouement ! Quelle source de richesse pour la Nation ! mais aussi combien les déceptions seront grandes et cruelles quand viendra la banqueroute nationale !

Malgré l'importance de ses travaux, notre Corps Municipal poursuit néanmoins et non sans succès l'affaire Boulet. Dans une de ses séances, son greffier, Fontanier, fait un discours dans lequel il analyse les mobiles qui ont poussé l'auteur de l'écrit, *Réfutation d'une délibération sans date*, à cet acte odieux. Cet exposé, précédé d'un avant-propos et terminé par des conclusions, allait servir de défense à la Municipalité.

Dans la séance du 6 juin, le Corps Municipal délibéra qu'il serait tiré 500 exemplaires de cette défense et qu'elle serait distribuée au public, comme réponse à l'écrit de Boulet et pour calmer les esprits.

Car, en effet, les esprits n'étaient pas rassurés ; les mal-intentionnés, trop souvent fanatiques, agitaient encore la population. Écoutons ce qu'en dit Anglas au Corps Municipal, en date du 6 juin 1790 :

« Un certain nombre de citoyens de cette ville, amis de l'ordre et de la tranquillité, ayant conçu des alarmes à l'approche de la cueillette de notre récolte et craignant que les ennemis du bien public ne fassent mouvoir tous les ressorts que leur méchanceté leur suggèrera pour augmenter d'autant plus le désordre et fomenter par toute sorte de voies, désireraient que le Corps Municipal établît des gardes particuliers, qui parcourussent nuit et jour la campagne, pour veiller aux propriétés et déranger les infâmes projets que les malintentionnés pourraient avoir conçus ou pourraient concevoir. »

L'assemblée, considérant :

1° Que les voies les plus odieuses ont été tentées par les ennemis du bien public, pour s'opposer à divers décrets de l'Assemblée nationale sanctionnés ou acceptés par le Roi ;

2° Que leur persévérance et acharnement dans leur conduite peut leur faire imaginer des moyens très criminels, surtout dans la cueillette de la récolte ;

3° Que la dépense des gardes, quelque forte qu'elle soit, n'est rien en réfléchissant sur les grands malheurs que l'exécution de pareils projets entraîneraient, si on ne tâchait pas de les prévenir par un acte de prudence, vote le traitement de douze gardes qui veilleront avec la plus grande activité pendant toute la nuit aux propriétés du général et du particulier.

A ce moment, notre garde nationale nous montre le premier exemple de la fraternité, entendue au dehors des limites du terroir. Le 14 juin, un envoyé de la garde de Nîmes se présentait au Conseil permanent de la garde de Marsillargues pour lui demander aide, la ville étant en proie aux horreurs d'une guerre civile. Immédiatement, 400 hommes armés se portèrent au secours de leurs frères d'armes.

Frères d'armes ! Voilà une expression nouvelle aussi forte que simple, aussi sincère que prime-sautière. Frères d'armes, c'est-à-dire, frères pour le salut de tous et la gloire du pays, défenseurs, amis des libertés communes, des droits sacrés, des principes nouveaux.

Cette appellation s'étend ainsi de concitoyen à concitoyen, puis, avec le besoin de défense de ville en ville, de région en région, de province en province, elle gagne la France entière. Cette fraternité nouvelle, créée par les besoins réciproques que la situation présente nécessite, devient avec le triomphe de la lutte une fraternité toute morale. On ne s'aime plus pour se défendre, mais pour s'aider et se secourir ; c'est l'écho d'une âme libre, éprise d'amour pour son égale ; c'est dans le sentimentalisme et la résurrection qu'il faut trouver ses accords. A l'heure actuelle, le peuple aime le peuple. Alors se produit la grande fédération du 14 juillet 1790.

Tandis qu'à Paris, les représentants du peuple viendront jurer sur l'autel de la patrie fidélité à la Constitution, à la loi, la province sera, elle aussi, fédérée. Chaque village aura aussi son autel, où chacun viendra prêter le même serment. Ce jour-là seulement 32 millions d'âmes vivront en communion d'idées et viseront aux mêmes aspirations.

A Marsillargues, les citoyens se réunirent, à l'heure de midi précise, sur la place publique, où avaient déjà pris place sur une estrade les officiers municipaux, entourés par la garde nationale en uniforme et au port d'armes. En l'absence de Vignolles, maire, député à la fédération de Paris, Anglas, le chef de la garde, prit la parole :

« Nous sommes assemblés pour célébrer l'anniversaire du premier jour de notre liberté ; nous l'avons conquise le 14 juillet, c'est le 14 juillet que nous devons jurer de la défendre et de la conserver.

» L'Assemblée nationale a décrété, le 8 juin dernier, une fédération générale de toutes les gardes municipales du Royaume, qui a lieu, dans cette heure, à Paris ; et, dans son instruction pour la confédération, elle dit que quoique le décret n'appelle au pacte fédératif que les gardes nationales du Royaume, la confédération ne sera pas moins celle de tous les Français.

» Nos braves Parisiens, dont le patriotisme et l'intrépidité ont fondé notre liberté par la destruction de cet horrible monument de despotisme, ont provoqué ce décret qui doit à jamais honorer l'Empire. Ils ont rappelé à tous les Français l'époque à jamais mémorable, où des murs de la Bastille conquise s'éleva un cri soudain : « Français, nous sommes libres ! » et ils nous ont invité à nous écrier au même jour : « Français, nous sommes frères ! » Pouvions-nous, chers amis et frères, ne pas répondre à cette invitation fédérative et ne pas unir nos voix et nos cœurs à ceux de tous les habitants de l'Empire ? Ah ! sans doute, il n'y a aucun de vous qui ne jure aujourd'hui sur l'autel de la Patrie de défendre jusqu'au dernier soupir la Constitution de l'Etat et les décrets de l'auguste assemblée nationale, sanctionnés par le Roi, et qui ne promette en même temps de s'unir à tous les Français par des liens indissolubles de fraternité ; hâtons-nous donc de prononcer ce serment civique et fraternel et de joindre nos voix à celles de tous les Français ! »

Après ce discours, l'un des officiers municipaux a annoncé qu'on allait prêter le serment à la confédération et a lu ce qui suit :

« Nous jurons de rester à jamais fidèles à la nation, à la Loi et au Roi ; de maintenir de tout notre pouvoir la Constitution, décrétée par l'Assemblée nationale et acceptée par le Roi ; de protéger en particulier les propriétés individuelles, la libre circulation des subsistances, la perception des impôts et de demeurer réunis à tous les Français par les liens indissolubles de la fraternité ! »

L'air retentit aussitôt des cris : « Je le jure ! » et de « Vive la Nation, la Loi et le Roi ! » ; après quoi, Anglas, commandant de la garde nationale, a adressé à sa troupe, dont le zèle patriotique n'avait pas besoin d'être excité, un discours rempli des sentiments les plus civiques ; et ayant lu à haute voix la formule du serment ci-dessus, tous les officiers et soldats répondirent individuellement : « Je le jure ! »

Puis chacun se retira, et ce jour mémorable fut couronné par un repas, pris sur la même place où la cérémonie du serment avait été faite, et auquel toute la garde nationale et presque toute la commune assista.

La population Marsillarguoise, par l'intermédiaire de son ardent commandant de garde nationale, prenait une part très intense au patriotisme révolutionaire. Soyons-en fiers, nous, leurs fils, et puissions-nous longtemps encore rester attendris au spectacle du monde entier fixant les yeux sur une Nation fédérée, patriote et fraternelle !

Le procès-verbal de la fédération se terminait par cette phrase : « Cette fête vraiment patriotique a attendri tous les cœurs. »

Le peuple, après avoir conquis la liberté, avait été doté de l'égalité ; il créait désormais l'élan de la fraternité.

La devise républicaine était complète.

La fête des fédérations semble avoir amené deux résultats généraux qui se sont manifestés dans l'esprit du peuple : elle a couronné, en le proclamant, le sentiment de fraternité ; mais elle a aussi inspiré au peuple français un amour plus grand des principes de la Révolution et a fortifié ceux-ci en les rendant plus chers aux âmes révolutionnaires.

Cette France nouvelle qui se crée, la Constitution que les représentants élaborent, sont un précieux trésor qu'il faut garder, et chacun comprend que c'est son devoir, parce qu'il a contribué à créer la première et à élaborer la seconde. Sus aux ennemis !

« Aucun n'ignore, dit Anglas au Conseil général réuni, le 8 août 1790, que les ennemis de la Constitution n'ont cessé et ne cessent de faire mouvoir tous les ressorts que leur méchanceté leur suggère pour tâcher d'opérer une contre-révolution ; ils ont cherché à semer le trouble et la discorde dans l'intérieur du Royaume et, pour y parvenir, les voies les plus criminelles ont été employées ; mais le patriotisme a triomphé et leurs coupables projets ont échoué : ce manque de succès n'a point arrêté leur fureur, plusieurs même se sont expatriés et ont été implorer la faveur des puissances étrangères. Celles-ci, craignant de ne pas sentir le prix d'une constitution libre et craignant qu'à l'exemple de la France, bien digne, sans doute, d'être imité, leurs sujets ne réclament une pareille constitution qui doit immortaliser les Français, font des armements considérables et paraissent faire des dispositions hostiles ; diverses frontières étrangères sont même garnies de troupes. »

La situation de la France, vis-à-vis des États voisins, était donc des plus périlleuses ; et aussi, pour s'opposer aux ennemis de la Constitution et « nous tenir en garde contre les ennemis intérieurs », Anglas demande qu'on donne des fusils à nos gardes nationaux, proportionnellement à leur nombre.

Le Conseil général délibère même de demander deux pièces

de canon, 300 fusils, 50 mousquetons, 50 paires de pistolets, pour nos dragons, avec les munitions relatives.

Comme un élan de générosité et de dévouement se manifeste, pour la patrie, au lendemain de ces jours mémorables où tous les cœurs français s'unirent ! Chacun voulait être le soldat qui défendrait les principes nouveaux et les lois nouvelles. Tous les citoyens actifs de Marsillargues demandèrent, le 24 août, à entrer dans la garde nationale, dans cette petite armée communale qui devait être, plus tard, d'une utilité si grande. On dédoubla les compagnies trop nombreuses et notre milice compta dès lors près de 500 hommes prêts à mourir, comme on le verra, pour le salut de la patrie et de la liberté.

Une députation de 130 membres de cette même garde fut envoyée à Montpellier, pour assister à la réception de la bannière donnée par la Municipalité de Paris aux députés de la fédération ; comme, si dans les plis de cet emblème sacré, devait se trouver un gage d'amour et l'encens des fêtes du Champ-de-Mars.

Le peuple veut vivre désormais avec l'esprit du régime qu'il a créé et qu'il façonne, il ne veut plus voir les traces des siècles écoulés et de sa douloureuse existence, il veut jeter un voile impénétrable sur la vie d'hier, sur sa servitude et son esclavage, il veut oublier son passé. Aussi trouvons-nous, dans nos archives municipales, une délibération du Corps municipal décrétant l'abolition des marques distinctives du seigneur de la ville ; « car elles sont contraires aux décrets de l'Assemblée qui abolissent tout titre de noblesse ». Dès lors, une inscription qui se trouvait au-dessous du grand arceau de la place publique, datant de 1776 et les armoiries qui se trouvaient sur l'ancienne porte d'Aujargues, furent plâtrées ; celles qui décoraient la tribune du seigneur devaient être ciselées, ainsi que celles que l'on trouvait à l'intérieur et à l'extérieur de l'église. Il fut, en outre, enjoint à Mme de Nogaret, ancienne marquise de Calvisson, de faire enlever la tribune qui était sa place distinctive dans l'église et ses armoiries ornant les balustrades d'une des chapelles du saint lieu.

Plus de marques profanes éveillant de trop douloureux souvenirs ! Fi au régime ancien ! Il ne manquait plus qu'à graver sur l'emplacement des armoiries antiques ces mots si nouveaux, encore mais si sublimes : liberté, égalité, fraternité !

C'est avec cet esprit que nos généreux pères allèrent voter, le 14 novembre, pour le renouvellement du Corps municipal imposé par les décrets de l'Assemblée.

Au son des cloches, 198 votants se réunirent dans l'hôtel de ville et, l'un après l'autre, après avoir écouté la lecture du serment et avoir dit : « je le jure », remirent leur billet de vote au président. Ils durent, en outre, jurer qu'ils n'avaient jamais signé, ni adhéré, ni pris part à aucune protestation, ni à aucun acte improbatif contre les décrets de l'Assemblée nationale que, s'ils l'avaient fait, ils s'en rétractaient. Cette même formule, copiée en gros caractères, fut mise à coté des vases devant recevoir les bulletins de vote des citoyens actifs.

Avec quel cérémonial, et aussi avec quelle ponctualité on exécute les arrêtés et les lois des représentants ! Ne serait-ce pas renier son œuvre que de ne pas donner à la Constitution le respect que mérite toute chose sacrée ?

Un incident vient cependant troubler le calme habituel de notre administration municipale et de notre commune ; et il le troublera d'autant plus qu'il a trait aux choses de l'ancien régime.

Avant 1789, le tribunal du bailliage avait son auditoire à l'entrée du château, de sorte que les clients pouvaient y parvenir sans passer devant la loge du suisse ; plus tard lorsque Boulet fut consul, il fit transporter le bailliage dans une des salles de l'hôtel de ville et le fit enlever quand il donna sa démission, sans qu'on sût jamais où il tenait audience.

Or, remarquons que l'Assemblée nationale avait aboli les anciens tribunaux. L'existence actuelle du bailliage était donc contraire aux lois de l'époque et cette existence soupçonnée fut découverte. Dès le commencement du mois de novembre, le Corps municipal apprit que la justice seigneuriale était rendue dans l'intérieur du château, où les officiers tenaient leurs séances en huis clos, sans que les clients pussent y pénétrer.

Nos zélés administrateurs se rendirent donc sur les lieux et le concierge les conduisit dans un appartement, où l'on trouva un tribunal garni de drap rouge, portant en trois endroits les armoiries des Nogaret en broderie, puis un fauteuil et un bureau garnis du même drap et avec les mêmes armes parsemées de roses blanches ; enfin un crucifix surmontant une espèce de dais établi au milieu de la place.

Le Corps municipal fit sceller les portes et fenêtres et l'armoire renfermant les papiers et minutes de greffe, puis il se retira pour faire part de cette décision au tribunal du district.

L'affaire allait donc se continuer. Alors intervint à nouveau Boulet, le défenseur des droits anciens, l'auteur de la *Réfutation d'une délibération sans date*. Il fit paraître un mémoire intitulé : *Observation*, qu'il distribua au public et envoya aux administrateurs du département et du district. « Ce mémoire avait pour but d'accuser et de blâmer la municipalité. » Celle-ci répondit par un écrit et décida de citer Boulet en justice.

Néanmoins, elle dut céder contre l'accusation de l'ancien consul et une prétendue pétition présentée par Mme de Nogaret au district. L'administration répondit qu'il serait bon de laisser à ladite dame la jouissance de son appartement.

Cette façon de procéder froissa nos conseillers. La loyauté de leur procédé et de leurs convictions souffrit du triomphe de leurs adversaires.

Ils dénonçaient une infraction, grave semble-t-il, aux décrets de l'Assemblée Nationale et leur dénonciation était sans écho !

Bien plus, on semblait la vouloir tenir en échec ! Ils délibé-
rèrent, dès lors, de présenter au directoire du département la
pétition qui suit :

« La célérité avec laquelle vous avez cru pouvoir accueillir
la demande de la dame Nogaret nous est une augure favorable
sur celles qu'éprouveront devant vous, désormais, les affaires bien plus importantes de notre localité. Mais les exposants
grevés de cette même célérité ont l'honneur de vous faire
observer que votre religion surprise, la vérité des faits altérée,
l'oubli des droits d'un corps administratif et le mépris de tout
principe ont pu, seuls, donner cette marche précipitée à la
décision que vous avez prise.

» La dame Nogaret, logée à 150 lieues du département, n'a
pu savoir que le 22 novembre la manière dont les scellés
avaient été mis le 7 du courant ; elle n'a donc pu donner commission à personne de faire la requête présentée en son nom ;
aussi c'est plutôt la cause de ses domestiques que la sienne que
vous avez eu à juger, en nous enjoignant de lever le scellé....
*Ce n'est pas la première fois qu'on est parvenu à traverser les
effets de ses vertus, de sa prudence et de sa bonne volonté...*

» Un piquet de dix hommes de la garde nationale avait été
requis pour empêcher que la foule, qui se porte toujours dans
les cérémonies, n'interrompît, ou que quelque mal intentionné
ne troublât les opérations impérieusement prescrites par le
décret. On dénature les faits pour dire que la garde nationale
a fait battre la générale et s'est assemblée en corps pour escor-
ter le Conseil.

» Voyez-y, Messieurs, ce péché d'habitude du sieur Boulet,
cheville ouvrière de tout ce qui peut troubler l'ordre et la paix
dans notre ville. »

Le corps municipal montre, en outre, que les scellés n'ont
pas été mis pour priver une citoyenne de l'exercice de sa pos-

session et sous un faux prétexte ou sans cause légitime ; mais, au contraire, parce que la salle était réservée par les officiers du bailliage au service public depuis le 20 mars 1789, en y transportant le Tribunal.

« Il n'est pas vrai, est-il dit encore dans la pétition, que le scellé empêche l'entrée dans d'autres appartements, on peut donc attendre que tous les auditoires soient ouverts avant de rendre celui de Marsillargues à son usage précédent.

» Les agents de la dame de Nogaret prétendent que cette pièce n'était que l'entrepôt du Tribunal et servait jadis de siège au juge des seigneurs. Mais les décrets du 19 octobre disent que les officiers municipaux se rendront en corps à l'auditoire des Tribunaux supprimés dont ils feront fermer les portes.

» Pouvions-nous ignorer que le bailliage supprimé en avait un ? Que, malgré sa mobilité, il résidait essentiellement dans le lieu où le Tribunal se trouvait, non comme une pièce de garde meuble, mais dans un état de représentation et de splendeur ? Il nous fallait agir.

» Oui, Messieurs, c'est avec les valets qui habitent aujourd'hui la maison que votre ordonnance nous compromet, et c'est contre eux que nous sommes obligés de traiter ces grandes questions sur l'exécution de nos devoirs. Mais il nous reste un droit pour lequel nous n'aurons à discuter que la forme, où les agents de la dame de Nogaret n'auront peut-être pas l'audace de venir mêler leurs prétentions : c'est celui de la loi.

» Comme cependant, Messieurs, dans le régime paternel dont nous commençons à jouir, aucun acte de subordination ne peut nuire à nos intérêts, comme aucun acte de notre liberté ne peut nuire à notre honneur, nous n'oserons pas moins recourir à votre justice en opposition à votre propre ordonnance ».

Cette pétition fut sans résultat.

Mais pendant que la municipalité s'occupait du Tribunal du bailliage, Boulet poursuivait avec une hardiesse scélérate ses accusations contre elle. Après avoir envoyé aux administrateurs et aux membres du Conseil du département le mémoire mensonger intitulé : *Observations,* il fournit une quantité considérable de pièces propres à égarer leur jugement sans que la commune fût appelée à les contredire. Le corps municipal demanda alors à ce que deux députés à l'assemblée générale du département fussent présents au rapport de cette affaire pour l'éclaircir et exhiber les pièces qui faisaient l'objet de la contestation.

Il délibéra, en outre, de citer Boulet en justice pour les délits de son administration passée : ratures sur les cahiers de délibérations, faux extraits aux moyens desquels il a soustrait des permissions d'emprunt, infractions aux règlements existants.

Tous ces tripots ne font pas oublier à notre population les devoirs qu'elle a à remplir envers la nation. Nos gardes nationaux ont vu avec douleur que leurs frères d'armes du district de Nimes, requis par ce directoire pour marcher à l'occasion des troubles d'Uzès, n'ont pu se rendre en nombre désigné par ladite réquisition, car elle portait de ne se présenter sur les lieux indiqués qu'avec des fusils et il leur en manquait.

Ils demandent donc — 20 mars 1791 — l'achat de fusils afin de porter leur nombre à l'égal de celui des soldats de la garde. Le Conseil municipal délibère l'achat de 150 armes à feu que le directoire autorisa.

De nouveaux troubles devaient venir exciter à nouveau notre population.

Le Jeudi-Saint — 21 avril — à 7 heures du soir, on devait chanter, dans l'église, l'hymne du *Stabat Mater*. A l'heure dite, les fidèles se rendent et trouvent quantité d'hommes, de femmes et d'enfants assistant à l'hymne que chantaient les confrères de la chapelle du Saint-Sacrement conjointement avec les confréresses de la chapelle Notre-Dame. Ceux-ci, contrairement aux lois de l'Église, qui défendent d'illuminer d'autre autel que celui où le Saint-Sacrement est exposé, avaient tout illuminé et décoré et chantaient tournant le dos au maître-autel. Puis une fois leur cérémonie terminée, tous se retirèrent tumultueusement, proférant des cris et des blasphèmes et faisant du bruit à la porte, qu'ils ouvraient et fermaient violemment, tandis que le curé chantait l'hymne du Seigneur. Le vicaire, qui voulut les rappeler au devoir, fut insulté d'une manière atroce et ordurière. Le curé ne put prononcer son discours, sa voix étant couverte par les bruits du dehors, et sa sortie fut saluée par une huée qui l'accompagna jusqu'à sa maison presbytérale.

La délibération du corps municipal dit : « Cette scène paraît suscitée par haine des ennemis du bien public au clergé depuis que celui-ci a prêté le serment imposé aux ecclésiastiques et fonctionnaires publics ».

Quelques jours après, le 5 juin, d'autres troubles se produisirent : tandis que le curé faisait son prône, une femme, nommée Poitevine, lui dit d'une manière bruyante : « Voyez-le, il a l'air d'un fou et d'un égaré ». Et lorsque le curé voulut l'interpeller, elle lui répondit : « Je fais plus de péchés quand je viens à l'église que quand je n'y viens pas ».

Le Conseil fit appeler ladite Poitevine et, après avoir entendu les témoins, la condamna à trois jours de prison.

Tandis que règne cette effervescence générale entre partisans et ennemis de la liberté, un cri unanime est jeté dans toute la France, causant partout la plus profonde émotion et suscitant partout des troubles. Le Roi a été enlevé avec toute sa famille ! Fait grave qui faillit amener la nation à sa ruine. On a enlevé le Roi ! et le peuple, encore confiant en Louis XVI, ne voit pas une fuite volontaire, mais un complot tramé pour perdre l'auguste souverain et le régime en vigueur.

Vignolle, en sa qualité de maire, réunit immédiatement le Conseil général de la commune — 26 juin — et parla en ces termes :

« Messieurs,

» Je vous ai convoqués extraordinairement pour vous communiquer les décrets de l'Assemblée Nationale du 21 juin, relatifs à l'enlèvement de la famille royale et du roi ; lesquels ordonnent aux officiers municipaux de faire faire la promulgation dès le moment de leur réception et de veiller avec soin à la tranquillité publique ».

Le Conseil délibéra : 1° d'inviter les citoyens à maintenir — dans des circonstances aussi difficiles — la Constitution à laquelle ils ont juré fidélité, par le bon ordre et la surveillance la plus active ; 2° de requérir la garde nationale sur-le-champ, pour se porter où besoin sera.

Le même jour, les officiers municipaux réunis avec ceux de la garde décidèrent de prendre les mesures les plus larges et les plus prudentes, de ne rien négliger dans la découverte du crime commis dans l'enlèvement du roi et de sa famille et de s'unir avec les communes et les gardes nationales voisines pour prendre les mesures nécessaires à la sécurité du royaume.

Depuis ce jour, il fut journellement envoyé des dragons d'ordonnance dans la ville de Lunel et sur la route de Montpellier : à Saint-Laurent, à Aimargues, le Caylar, Vauvert, Gallargues et Aigues-Vives, afin de pouvoir se communiquer les avis reçus par l'une ou l'autre de ces villes et s'instruire de l'esprit public de chacune d'elles.

Les commandants et les gardes nationales adhérèrent volontiers à ces dispositions et jurèrent, au nom de la patrie, de regarder comme traîtres et parjures à leurs serments civiques ceux qui ne combattraient pas pour le salut de l'État. Ils jurèrent, en outre, de se réunir pour désarmer et se saisir de toute personne qui, dans ces moments orageux, ferait quelque acte d'incivisme ou affecterait une neutralité qui deviendrait criminelle. Les gardes s'engagèrent, enfin, à se prémunir contre les effets du fanatisme et à se regarder comme frères, quelles que fussent leurs opinions religieuses, pour sauver la Patrie.

Admirable écho de l'esprit de fédération qui unit plus étroitement encore des âmes menacées ou trahies et qui, au moment du danger national, se consacrent tout entières au service de leur Patrie.

Cette délibération eut un grand retentissement dans les environs de Marsillargues; les gardes nationales voisines fraternisèrent et celle de Lansargues envoya, le 3 juillet 1791, une délégation de quatre membres pour présenter à celle de notre commune l'expression de son dévouement désintéressé pour la cause de la liberté et de la Constitution.

L'un des députés parla comme il suit devant le corps municipal et les officiers de la garde réunis dans la maison commune :

« Nous venons nous ajouter au faisceau qui s'est formé dans le sein de cette assemblée pour le soutien du trône et le bonheur de la Patrie. Votre démarche, en augmentant notre force, nous pénètre de joie et de reconnaissance.

» Messieurs, les amis de la Constitution sont assez puissants pour la soutenir ; la bonne cause redouble le courage ; ni la fuite du Roi, ni les armées des princes étrangers, ni les efforts des mécontents, ne parviendront à renverser l'édifice majestueux du bonheur public.

» Messieurs, unissons-nous, serrons-nous autour des principes, oublions les querelles privées, tous les dissentiments occasionnés par la différence des opinions religieuses. Soyons

frères, soyons amis si nous voulons être libres. Mais, surtout,
soyons disposés à mourir pour la Patrie, plutôt que de perdre
la liberté, plutôt que d'abandonner la Constitution de l'Etat.
Notre récompense sera dans les douces jouissances que les
sentiments fraternels nous procureront et dans l'honneur, que
nous partagerons avec tous les bons patriotes d'avoir assuré
au royaume la tranquillité et le bonheur des générations
futures ».

La salle retentit d'applaudissements donnés aux sentiments
de patriotisme si bien exprimés. Anglas répondit, assurant
les gardes nationaux de Lansargues du dévouement de leurs
frères d'armes qui étaient sous ses ordres et du plaisir
que ressentait la municipalité en présence de ce zèle ardent
pour le maintien de la Constitution : « C'est lorsque la Patrie
est en danger, dit-il en terminant, que nous devons tous
redoubler de courage et d'ardeur pour la défendre et que les
citoyens dignes d'être libres doivent se rallier autour d'elle
et unir leurs armes pour son salut ».

Ne nous étonnons pas que de telles mesures et de pareilles
intentions excitent les partisans du régime révolutionnaire et
les aigrissent encore contre leurs adversaires !

Quelques habitants se portèrent, le 6 juillet, dans la maison
de la dame Nogaret et s'y livrèrent à des voies de fait. Le
corps municipal, considérant alors que l'infraction aux lois, si
elle n'était sévèrement réprimée, amènerait l'anarchie, le pire
des malheurs publics, crut de son devoir de rappeler aux
citoyens la soumission qu'ils leur doivent, car, sans elles, il ne
saurait exister d'ordre public, les invitant à respecter les
personnes et les propriétés.

Sans incident nouveau, l'on arriva ainsi au 14 juillet. Il y a
deux ans, à pareille heure, que la Bastille fut prise et, l'an dernier encore, un peuple libre jurait de s'aimer ; aujourd'hui on

fêtera l'anniversaire de ces journées mémorables qui ont immortalisé le nom français.

A 11 heures, le curé célébra une messe sur la place publique en présence du corps municipal et d'une foule immense. Après cette cérémonie religieuse, le maire prononça un discours et fit prêter serment aux officiers municipaux.

La garde, groupée autour de l'autel, en armes, jura « d'employer les armes remises en ses mains à la défense de la Patrie et à maintenir contre tous les ennemis du dedans ou du dehors, la Constitution décrétée par l'Assemblée Nationale ; de mourir plutôt que de souffrir l'invasion du territoire français par les troupes étrangères et de n'obéir qu'aux ordres donnés par les décrets de l'Assemblée Nationale. »

Tous les citoyens actifs jurèrent de rester fidèles à la Nation, à la Loi et au Roi ; puis chacun se retira dans le plus grand recueillement.

Le mois qui suivit cette fête patriotique nous paraît d'un calme extraordinaire ; aucun incident ne vient troubler la paix des rues et l'harmonie des cœurs ; à peine nos registres de délibération mentionnent-ils les quelques faits qui suivent.

Le 18 juillet, on délibère que les aisés de la garde qui ne peuvent quitter leurs foyers pour se rendre là où la Patrie les appelle, fourniront un supplément de solde aux volontaires.

Dans quelques jours, la municipalité rappellera à ceux qui auront à faire leur devoir les lois du 4 février relatives à la soumission des personnes qui partent comme volontaires, pour remplir le rôle de soldats auxiliaires.

Le 19 août, se présentent à la maison commune Joseph Rimbaud et dame Dupont fille, régent et régente des écoles publiques, pour prêter serment, conformément à la loi du 7 août 1791, en leur qualité de salariés du denier de la commune.

Tous deux font leur devoir ; mais Mme Dupont, prétendant

que sa santé ne lui permet pas de continuer, abandonne ses fonctions. Elle ne sera remplacée que le 20 novembre. Le corps municipal, considérant alors « que, depuis le 19 août, l'éducation des jeunes filles est en souffrance, que l'éducation de la jeunesse est le plus ferme appui d'un Etat, que rien n'est plus propre à faire propager la Constitution, soit au dedans, soit au dehors, que l'éducation », nomme Mme Drouillon régente des écoles des filles.

Néanmoins, la France, en elle-même, n'est pas aussi calme et aussi tranquille ; au-dehors, les émigrés réunis à Coblentz auprès des princes allemands, des rois de Prusse et de l'empereur d'Autriche, constituent un danger qui menace, à tout instant, nos frontières, un péril qui s'accroît sans cesse et qui bientôt débordera. Les aristocrates et les têtes couronnées tremblent déjà ! Ils ont vu le sort auquel a été soumis Louis XVI, le patriotisme et la fougue des Parisiens ne leur sont pas inconnus. L'exemple du peuple français ne sera-t-il pas imité par leurs sujets ? Et à ces craintes pressantes vient s'ajouter le flux toujours grossissant des ennemis du régime actuel, de ceux qui ne veulent pas prêter le serment constitutionnel, des nobles lésés dans leurs privilèges, qui excitent à la révolte et à la vengeance leurs confrères d'outre-Rhin et leur demandent protection et assistance.

Leurs alarmes ne sont pas sans écho : le Rhin se couvre d'une ligne serrée d'armées prêtes à passer au-delà de la terre prussienne si Louis XVI est menacé ; si les théories du droit divin sont discutées par les représentants du peuple. Mais l'Assemblée nationale, qui présage l'ouragan de demain, se prépare à le refouler. Déjà circulent dans toute la nation les listes des enrôlements volontaires pour la défense des frontières.

Dans le rôle qui est dressé par le directoire du département de l'Hérault, Marsillargues est inscrit pour 20, dont on procéda à la nomination en date du 28 septembre 1791.

Déjà, dans un appel fait le 8 juillet de la même année, 64 jeunes gens étaient venus jurer de donner leur vie pour le service de la Patrie ; c'est parmi eux que l'on choisira les premiers volontaires.

Le choix ne souffrit aucune difficulté. Le 28 septembre, le Corps municipal et les officiers de la garde étaient réunis dans une des salles de l'hôtel de ville, lorsque 20 des inscrits se présentèrent. Après avoir prié leurs collègues de les laisser partir pour la défense de la patrie, à quoi ceux-ci n'avaient consenti qu'après les plus vives sollicitations, ils venaient offrir leur sang et leur foi au service de la liberté. Deux d'entre eux avaient à peine dix-huit ans.

Avec quelle poignante émotion ne devait-on pas assister à un spectacle aussi nouveau ! Et quel spectacle que celui d'un peuple qui se sacrifie pour le salut de la patrie et de ses principes au lendemain de sa servitude et de son esclavage ! Quelle histoire retracera jamais des pages aussi sublimes !

Malgré les troubles et les menaces, les représentants du peuple n'en ont pas moins continué leur œuvre, ils l'ont maintenant achevée. Ceux-là même qui avaient juré de ne pas se séparer avant d'avoir donné à la France une constitution nouvelle ont atteint leur but, leurs travaux sont terminés, ils viennent de proclamer leur acte constitutionnel.

Marsillargues accueillit avec un enthousiasme sans égal l'œuvre de l'assemblée.

Le corps municipal, réuni pour fixer la date de sa proclamation, la fixa au dimanche 9 octobre. Le maire demanda une fête solennelle en cette occasion, « invitant tous les citoyens à se réunir de cœur et d'esprit, pour célébrer cette fête nationale en faisant retentir les temples du Seigneur de leurs cantiques d'allégresse et en élevant vers le Ciel leurs vœux les plus ardents pour la prospérité de l'Etat, la gloire de la Nation et la félicité du monarque et de son auguste famille ».

« Je requiers, en conséquence, dit-il, que la veille de cette solennité soit annoncée au bruit des cloches et de boîtes, (salves d'artillerie), que vous ordonniez une illumination générale, que les hautbois — instrument familier de la ville — soient fournis aux habitants, pour marquer d'autant plus la réjouissance publique et qu'enfin, un *Te Deum* soit chanté sur la place d'armes, afin que tous les citoyens puissent se réunir pour rendre d'éternelles actions de grâce à l'Être suprême de l'heureux achèvement de la constitution ».

Le procès-verbal de la fête, que nous reproduisons *in extenso,* dira plus éloquemment que nous ne le ferions combien elle fut poignante et sentie.

Le dimanche 9 octobre 1791, le corps municipal s'est réuni dans la salle de la maison commune, avec MM. le juge de paix et ses assesseurs; un détachement nombreux de la garde nationale, tant à pied qu'à cheval, s'étant mis en ordre, son commandant a averti le Corps Municipal qui, de suite, a pris place au milieu du détachement et a été, dans les divers lieux accoutumés, proclamer la loi constitutionnelle en ces ter-termes :

« Citoyens,

» L'Assemblée nationale constituante aux années 1789, 90, 91, ayant commencé le 17 juin 1789, l'ouvrage de la constitution, l'a heureusement terminé le 3 septembre dernier. L'Assemblée nationale en remet le dépôt à la fidélité du Corps législatif, du Roi et des juges, à la vigilance des pères, des familles, des épouses et des mères, à l'affection des jeunes citoyens et au courage de tous les Français. »

De là, le Corps Municipal s'est rendu sur la place d'armes où se trouvait la garde nationale et la majeure partie des citoyens, et, ayant pris place sur l'autel de la patrie, M. Anglas a parlé ainsi aux citoyens.

« Deux ans de travaux, de peine et de sollicitudes ont enfin terminé une constitution qui va faire le bonheur de l'Empire français.

» Louis XVI, égaré un instant par des instigateurs perfides, qui, pour favoriser leurs coupables complots, fondaient sur son départ l'espoir d'une contre-révolution, Louis XVI, dis-je, ce chef d'une nation généreuse et aimante, n'a point tardé à reconnaître qu'il était trompé, il vient de mettre le sceau à notre liberté, en acceptant solennellement cette sublime constitution, dont les principes, qui font le triomphe de la vérité, de la nature et de la raison, vont germer dans tous les points de l'univers.

» Rappelons-nous, citoyens, que, le 14 juillet, des murs de la Bastille conquise, s'éleva un cri soudain : « Français, nous sommes libres. » Eh ! ne nous écrierions-nous pas aujourd'hui, avec de nouveaux transports pleins d'allégresse : « Français, nous avons une Patrie ».

Courbés trop longtemps sous le joug de la tyrannie, allons reprendre enfin l'attitude fière d'un peuple qui reconnaît ses droits et ses dignités.

» O jour à jamais mémorable et bien digne d'être célébré ! qui, nous osons l'espérer, va mettre fin à toutes les dissenssions, à tous les troubles suscités par les malveillants, qui depuis longtemps agitent notre Empire.

» Nous allons donc, frères et amis, jouir de cette paix tant désirable, qu'une constitution fondée sur la liberté et l'égalité amène nécessairement avec elle ; mais pour la maintenir, cette admirable constitution, unissons-nous du plus fort de nos cœurs, n'ayons que le même penchant pour le bien général, regardons-nous comme ne faisant qu'une même famille et n'ayons conséquemment qu'un même intérêt.

» Que ces vils égoïstes, qu'une rage impuissante dévore encore, et qui ne peuvent déraciner de leur conscience leurs odieux principes, gardent en silence leur fureur implacable, qu'ils courent ensevelir dans de profondes retraites, leur honte et leurs regrets ; si quelques princes étrangers ou autres, nourris dans le despotisme et les tyrannies osaient se coaliser pour venir troubler notre bonheur, montrons-leur cette Constitution qui fait notre gloire, et qu'ils apprennent qu'un peuple qui a le courage de briser ses fers et qui a su conquérir sa liberté sait aussi la défendre. »

Les cris de « Vive la Nation ! Vive la Loi ! » ont retenti de toutes parts, les acclamations et signes d'allégresse se sont également fait entendre de tous côtés, et immédiatement après, le « *Te Deum* » en français et en latin, a été chanté par les citoyens des divers cultes, au bruit des canons et des cloches.

Une marche guerrière a accompagné le Corps Municipal à la maison commune.

Après ces jours heureux, vont venir les heures d'angoisse. La France, qui s'est donnée une constitution et des lois, aura désormais à les défendre contre ses ennemis du dedans. C'est dans la suite que nous allons voir renaître une nation nouvelle, et que nous pourrons nous écrier comme le poète :

> Un peuple est fort quand il est libre,
> Quand il est libre, un peuple est grand.

Le lendemain de la promulgation de l'Acte constitutionnel ne fut pas digne de la veille dans la plaine du Bas-Languedoc.

La Constitution, qui couronnait l'œuvre de la régénération et de la paix, fut suivie de troubles fâcheux à Lunel, à Arles, à Avignon, et généralement dans tout le pays compris entre ces villes.

Voyons quel fut le rôle de Marsillargues et son histoire durant cette période.

Le 3 novembre, le Corps municipal, réuni en séance extraordinaire, recevait une dépêche ainsi conçue de Lunel :

« D'après le danger et le trouble qui règnent dans notre ville de Lunel, pour et au nom du Corps municipal, je requiers la garde nationale de Marsillargues pour interposer ses bons offices.

» Fait à Lunel, le 3 novembre 1791.

» *Signé* : BARRAL, officier municipal. »

Nos administrateurs firent alors appeler le commandant de la garde, et immédiatement trois cents hommes de la légion de notre ville se rendirent sur les lieux.

Quelle fut la cause de ces troubles et quelle en fut leur nature ? M. Millerot, l'érudit archiviste de Lunel, que je consultais à ce sujet, me fit la réponse suivante :

« La Municipalité de notre ville, issue des événements de 1789, était, en 1791, accusée de tiédeur par les vrais républicains et soutenue par les royalistes. Il en résulta des froissements inévitables entre les deux partis, qui ne firent que s'accentuer et grandir, lorsqu'un bataillon de volontaires du Gard, caserné à Lunel et faisant cause commune avec les partisans du régime en vigueur, se porta à certains excès envers les royalistes, dont quelques-uns furent même blessés à coups de sabre.

» C'est alors que la municipalité de Lunel, par l'intermédiaire de Barral, officier municipal, fit requérir la garde nationale de Marsillargues pour interposer ses bons offices. »

Le lendemain de cette réquisition, le commandant de la garde nationale retournait à Marsillargues, se présentait devant le Corps municipal — *qui n'avait cessé d'être assemblé depuis le moment de la réquisition* — et lui donnait communication de la confirmation de Lunel qui suit :

« Le Corps municipal, instruit des offres amicales de M. Vignolle, maire de Marsillargues, qu'il accueille avec la plus vive et fraternelle reconnaissance, et de l'acceptation qu'en a donnée M. Barral, un de ses membres, laquelle je confirme de plus fort, prie M. Vignolle ou le commandant des braves frères de Marsillargues arrivés à la porte Martin de défendre et soutenir cette avenue avec la loyauté qu'il lui connaît, s'en rapportant, avec la plus entière confiance, à tout ce qu'il fera à ce sujet.

» Les gardes nationaux et les citoyens armés de la ville devant défendre et soutenir l'avenue de Montpellier.

» Fait à Lunel, le 3 novembre 1791, à neuf heures et demie du soir.

» Pour le Corps municipal,

» Signé : BAUMES, chargé de toutes les dépêches. »

L'arrivée de ces soldats citoyens n'eut rien de bien belliqueux, me dit M. Millerot. Ils établirent tout simplement un poste à la porte Martin, c'est-à-dire à l'entrée de la Grand' Rue actuelle, pour empêcher les volontaires de communiquer avec les habitants ; se contentant d'arrêter et de mettre en lieu sûr ceux qui voulaient passer outre.

Le directoire du département s'étant transporté à Lunel, le 6 novembre, suspendit la municipalité. Des commissaires furent nommés pour exercer provisoirement les fonctions municipales, et la tranquillité se rétablit dans la cité.

Le 10 du même mois, le Corps municipal de Marsillargues reçut la lettre suivante :

« MESSIEURS,

» Un grand changement vient de s'opérer dans notre ville, vous en connaissez les causes, il serait superflu de vous les rappeler. Le directoire du département de l'Hérault a cru, dans sa sagesse, devoir confier provisoirement les rènes de l'administration de notre cité à sept commissaires civils.

« Nous avons cru, Messieurs, devoir employer nos premiers moments à faire connaître nos intentions à toutes les communes voisines. Nous allons nous occuper sérieusement à maintenir le calme dans notre cité en invitant tous nos concitoyens à une union franche et loyale.

» Nous avons pris l'engagement solennel de faire respecter la loi. Ce sera toujours l'objet le plus cher à nos cœurs et le plus précieux de nos travaux. Nous vous prions de dire à vos concitoyens qu'ils trouveront dans notre ville protection et sûreté, que les moindres insultes qui pourraient leur être faites seront punies sévèrement et qu'ils nous verront toujours disposés à rendre bonne et briève justice.

» Votre patriotisme nous est un garant assuré que nos concitoyens trouveront chez vous la même sûreté et la même protection.

» Signé : Les membres composant le corps
» des commissaires civils. »

Notre municipalité répondit en ces termes à la lettre précédente :

« MESSIEURS,

» Nous vous félicitons et nous nous félicitons du nouvel ordre des choses qui vient de s'établir dans votre ville et auquel une crise violente et peut-être nécessaire a donné lieu. Le directoire du département de l'Hérault a reconnu qu'à de grands maux il fallait de grands remèdes et il les a trouvés en confiant provisoirement à des citoyens amis de la paix, de l'ordre et des lois, l'administration de votre cité, qui depuis longtemps était livrée au trouble, au désordre.

» Vous allez, Messieurs, faire connaître à ceux de vos concitoyens encore égarés leurs intérêts et leurs devoirs, vous allez leur donner l'exemple de l'amour des lois, vous leur apprendrez à s'y soumettre et à les respecter. De pareils moyens ramèneront dans vos murs le calme et la tranquillité ; et la réunion de vos concitoyens pour le bonheur commun en sera l'heureux effet. Sous vos auspices, Messieurs, nous sommes certains que nos concitoyens trouveront dans votre ville protection et sûreté. Nous vous prions d'être assurés que les vôtres trouveront parmi nous des amis et des frères.

» *Les officiers municipaux de Marsillargues.* »

CHAPITRE IV

LA GARDE NATIONALE

1791

A peine les troubles de Lunel étaient-ils réprimés que la ville d'Arles entrait dans des crises fâcheuses.

Nous devons au très distingué M. Martel, le bibliothécaire de la ville, les renseignements qui suivent :

« L'insurrection d'Arles eut pour principe la lutte ou la rivalité des *Monnaïdiés*, dévoués à l'ordre des choses établies, et des *Siffonniés* ou *Chiffonniés*, monarchistes attachés à l'ancien régime.

La cause de cette lutte, nous pouvons la trouver dans ces quelques lignes, extraites d'une circulaire de l'époque adressée aux juges de paix et que nous reproduisons :

« Nos ennemis extérieurs salarient des méchants au milieu de l'Empire pour le faire périr par l'anarchie, le brigandage et la guerre civile, tandis qu'ils l'attaquent de toutes leurs forces au dehors. Des ennemis moins cachés professent hautement, dans le sein de la France, les principes de Coblentz. Ils se félicitent des brigandages des faux patriotes, où ils croient trouver le tombeau de nos lois. Ils irritent les mécontents. On emploie une religion qui ordonne l'amour des hommes à déchirer les familles, à briser, s'il était possible, le nœud social. D'autres, sans mission, osent s'ériger en vengeurs de la loi, et s'en rendent, par des actes arbitraires, les pires ennemis. Ils violent tous les droits de l'homme et flétrissent l'honneur d'un peuple libre. »

Durant ces troubles, un détachement des gardes nationaux d'Arles enleva quatre pièces de canon défendant le fort de Saint-Louis et les amenèrent à l'intérieur de la ville ; une troupe de 500 à 600 hommes se répandit dans les environs, excitant leurs concitoyens à la révolte (21 mars 1791).

C'est à ce moment que le Corps Municipal de Marsillargues, réuni en séance extraordinaire, reçut de Saint-Laurent une lettre où il était dit :

« Cinq ou six cents hommes d'Arles ont débarqué entre Fourques et Beaucaire, il faut les arrêter. »

Cette note, quoique courte, était significative. Elle ne resta pas sans écho. Il fut immédiatement délibéré :

1° De créer une garde à la métairie de Saint-Julien, composée de quatre hommes, le jour, avec un lieutenant, et de huit, la nuit, avec un capitaine, avec telles consignes que les circonstances présentes exigeraient ;

2° De porter la garde de la maison commune à douze hommes, avec un chef ;

3° De mettre deux sentinelles à la porte Saint-Martin (près du temple protestant actuel).

Des comités centraux se créent immédiatement entre des communes voisines, où des dragons sont chargés de la correspondance et les instruisent du sort de la guerre civile. Nimes, Saint-Gilles et Vauvert ont déjà établi un poste central. Les gardes nationaux de Vauvert écrivent alors à ceux de Marsillargues :

« Il convient que vous établissiez, conjointement avec Lunel, Gallargues, Saint-Laurent, Aigues-Vives, un point central pour réunir des ordonnances.

Il serait très bien placé au mas d'Andron, commune d'Aimargues, où les distances seront partagées pour tous. »

Ce nouveau poste fut créé et deux dragons d'ordonnance

communiquèrent journellement avec les municipalités voisines.

Mais ces mesures étaient à peine prises que la dépêche
suivante fut apportée par les dragons : « Le décret contre
Arles est rendu ; ils seront désarmés ; murs et tours abattus et
la Municipalité à la barre... »

Déjà, en date du 14 mars 1792, une loi de l'Assemblée
nationale, « considérant qu'il était instant d'arrêter les troubles d'Arles et d'en prévenir les effets », décrétait l'urgence.

Un autre acte du Corps législatif, non sujet à la sanction
du Roi, décrétait que les administrateurs du Directoire, district et commune d'Arles, comparaîtraient à la barre, le premier avril, pour y rendre compte de leur conduite.

Le décret du désarmement ci-dessus mentionné date du
21 mars 1792, an IV de la liberté.

Le calme était rétabli ; nos gardes nationaux rentrèrent dans
leurs foyers.

Après les troubles d'Arles, Avignon fut en proie aux horreurs de la guerre civile et nos braves gardes nationaux
furent à nouveau réquisitionnés.

Le 25 mars, d'après une réquisition faite par le directoire
du département de l'Hérault, le commandant de notre milice
devait se trouver, avec 100 hommes à pied et 20 cavaliers,
à Uchaud, pour y rester, à poste fixe, jusqu'au passage des
bataillons des gardes nationaux de Montpellier, pour se rendre à Avignon.

Lorsque nos braves soldats-citoyens revinrent, le 18 avril
1792, ils rapportèrent le certificat qui suit :

« Nous, lieutenant-colonel commandant les gardes nationales du département de l'Hérault, en détachement à Avignon,
certifions que nos frères d'armes de Marsillargues, qui sont
venus se ranger sous notre drapeau, ont toujours donné à
leurs camarades des exemples d'un civisme éclairé et d'une

discipline sévère, et qu'ils n'ont jamais démenti, par leur conduite, la confiance et l'estime que nous leur avions déjà et depuis longtemps accordées.

« Lunel, le 7 avril.

Signé : SADDE.

C'est ainsi que nos compatriotes volaient là où la liberté et les institutions présentes étaient menacées ; c'est ainsi qu'ils répondaient à l'appel de leurs frères, sacrifiant leur vie pour le salut de tous. La fraternité qui unissait les hommes de 1892 est un sentiment fort et sublime, parce qu'il est compris de tous et que tous l'entendent dans son acception la plus large.

Cependant, malgré ces réquisitions fréquentes, il règne, dans notre cité, un malaise général, qui se traduit par la défiance du peuple et du travailleur.

Les assignats, dont la circulation avait été, jusqu'à ce jour, régulière, deviennent déjà suspects. La municipalité est obligée de délibérer que ceux de 5, 10 et 15 francs, appelés billets de confiance, auront même cours, dans notre cité, qu'à Nimes et Montpellier, et qu'aucun marchand ne pourra les refuser comme paiement. — Février, 1792.

Si nous ajoutons à cela que la récolte de blé de l'année précédente a été médiocre, et, qu'à certaines époques, septembre et octobre 1791, les boulangers de notre ville veulent se refuser à cuire, vu la difficulté de se procurer du blé, même à des prix très élevés et la baisse des prix du pain, nous comprendrons que notre région traverse une crise douloureuse... Et, cependant, nos volontaires vont secourir, dans leur infortune, des infortunés et des malheureux.

L'alarme est générale dans toute la France et les procès-verbaux de l'époque reproduisent très exactement l'esprit des populations rurales et urbaines.

« La Patrie est en danger, dit un procès-verbal de février 1792, les princes voisins la menacent, des Français les guident, des conspirateurs les attendent. Le peuple. travaillé en tous sens pour lui faire haïr une Constitution qui est faite pour le rendre heureux, voilà les circonstances où nous nous trouvons.

» A la vue des malheurs qui semblent prêts à fondre sur la terre de liberté, il n'est aucun vrai citoyen qui ne soit pénétré de la plus vive indignation et qui ne sente redoubler son zèle et son courage, aux perfides desseins des mal intentionnés. »

En conséquence, il faut demander ou acheter des vivres pour la garde nationale, des cartouches, de la poudre, des fusils...

Puis, comme pour confirmer cette incertitude, cette frayeur patriotique qui avait saisi tous les cœurs, on apprend que les Calvisson ont émigré. Ce fait causa quelques troubles à Marsillargues durant les premiers jours d'avril (12 au 15). Les biens seigneuriaux furent séquestrés et une commission nommée pour inventorier sommairement tout ce qui pouvait se trouver dans le château.

L'ancienne noblesse française avait presque entièrement émigré sur les bords du Rhin, au milieu des princes allemands. Coblentz ne suffisait plus à leurs opérations, ils échelonnaient maintenant les rives du fleuve germanique.

L'Assemblée législative voulait, par une loi, considérer ces traîtres comme suspects de conjuration contre la France, leur faisant ainsi encourir la peine de mort; mais le Roi refusa de sanctionner cette loi, et l'on vit dans son attitude une preuve de complicité avec l'étranger.

C'est alors qu'elle déclara la guerre à la Prusse et à l'Autriche, comme pour montrer à l'Europe quel mépris elle faisait des menaces de ces deux puissances et des revendications des seigneurs émigrés.

La guerre déclarée — 20 avril 1792 — la France se transformait en un immense campement, où tous les citoyens devenaient des soldats, où chaque garde nationale formait un bataillon de la grande armée.

Ce n'est que le 2 mai que nous trouvons le Corps Municipal de Marsillargues, instruit de la déclaration de guerre.

« Messieurs, dit le maire, la Nation française, forte de ses droits, confiante dans la bonté de sa cause et parfaitement convaincue de la force et du courage de ses habitants, vient, d'après la décision de ses sages et éclairés représentants, de déclarer la guerre au Roi de Hongrie et de Bohême et à tous les exilés, qui, traîtres envers elle, avaient formé l'exécrable dessein de venir la ravager par le fer et le feu.

» Jamais, non jamais, motifs plus plausibles plus forts et plus justes que ceux qui nous forcent à la guerre. Il serait inutile de vous les détailler, puisqu'ils sont consignés dans le manifeste que nous avons à publier ainsi que la loi du 20 avril portant déclaration de guerre. »

L'Assemblée, considérant qu'on ne saurait mettre trop de pompe à honorer la loi, et surtout celle qui fait l'objet de sa délibération, a délibéré unanimement que la loi du 20 et le manifeste seraient publiés dans tous les lieux accoutumés de la ville, que la garde nationale serait requise pour se trouver à la place d'armes pour accompagner le Corps Municipal dans sa publication.

Le procès-verbal est terminé par cette phrase :

« Les bons citoyens doivent se tenir prêts au combat en cas de réquisition.»

Ils sont prêts, parce que l'ère de la fraternité à peine commencée, a déjà fécondé leur cœur ; ils le sont encore, parce que c'est le salut d'une grande nation qu'ils ont créée et qu'ils vont défendre ; c'est à la Constitution et la Liberté qu'ils vont offrir leur sang.

O toi Prusse ! ô toi Autriche ! ô nations vengeresses d'une cause injuste, vous allez vous heurter à des géants ; le nombre et la force seront impuissants à vaincre leur fanatisme patriotique inébranlable et toujours croissant.

DEUXIÈME PARTIE

20 AVRIL 1792. — SEPTEMBRE 1795

CHAPITRE PREMIER

I. — LES RÉQUISITIONS

HOMMES

La guerre, qui était imminente avec l'Europe depuis le début de la Révolution, par les intrigues des émigrés réunis à Coblentz et sur les bords du Rhin et les conflits de Louis XVI avec l'Assemblée législative, fut enfin déclarée le 20 avril 1792, lors de l'avènement de François II au trône d'Autriche.

A partir de ce moment, la France est en proie à une exaltation extraordinaire ; la majorité de la Nation va désormais tout juger au point de vue de la défense nationale. Les patriotes seront ceux qui ne ménageront ni leur opinion, ni leur sang pour faire triompher la liberté ; les suspects et les traîtres seront les parjures, les ennemis de la Constitution.

Désormais, nous allons voir jouer aux gardes nationales un rôle réellement actif dans notre histoire nationale ; en un mot, les armées qui iront demain à nos frontières ne seront rien moins que le symbole de la Patrie elle-même combattant et mourant pour ses lois ; ce sera l'écho pathétique et puissant des fédérations civiques et de l'esprit de fraternité qu'elles enfantèrent.

La France, par un effort sublime, va se donner un rôle humanitaire ; en des temps d'oppression et d'esclavage, elle défendra par le sabre le culte du Droit de l'homme ; elle montrera enfin à tous combien est vraie cette pensée que Montesquieu émettait dans l'*Esprit des Lois* : « On se trompe si on croit qu'un peuple en révolution est disposé à être conquis ; il est prêt à conquérir les autres. »

Voyons quelle fut la part que prit notre cité dans ce mouvement et quel rôle elle joua durant toute cette période.

L'un des premiers actes qui aient quelque importance est une pétition de la Garde nationale demandant deux cents fusils, cinq cents gibernes, l'équipement pour quatre sapeurs et un drapeau pour chaque compagnie.

La dite pétition fut acceptée par le Corps Municipal en date du 24 juin 1792, et l'Assemblée en demanda l'emprunt au Directoire du département de l'Hérault.

Ainsi, le premier mouvement, dès qu'apparaît le danger, est pour s'armer confortablement. Il faut que chaque homme se trouve dans les meilleures conditions possibles de défense. Armons-nous et, l'enthousiasme aidant, nous refoulerons au-delà de nos frontières les usurpateurs de nos droits et de nos sublimes libertés.

L'enthousiasme ! telle fut peut-être l'arme la plus redoutable de nos soldats-citoyens. Les premiers volontaires, tous hommes de 18 à 30 ans, patriotes convaincus, ne demandaient à leur départ que la victoire ou la mort, et cependant ils étaient nombreux. Quel élan magnifique avait transformé aussi profondément l'homme asservi en citoyen ?

Le 5 août 1792, notre commune fournit 20 volontaires au premier bataillon de notre département ; quelques jours après, 5 autres devaient se rendre au camp de Paris et étaient portés pour aller à Soissons. Une troisième levée de 30 hommes devait concourir à la formation d'un deuxième bataillon qui s'organisait à Montpellier.

Marsillargues n'était donc pas étranger à ce mouvement de défense nationale et sa population comptait une élite patriotique, qui paya elle aussi de son sang ou de son dévouement le triomphe de la France.

Mais, malheureusement, les volontaires ne tardèrent pas à manquer, et, devant les dangers sans cesse croissants qu'offrait un ennemi victorieux, il fallut en arriver au régime des réquisitions. C'était la catégorique affirmation du devoir de tous les citoyens de défendre la Patrie.

Le 18 août 1792, le maire dit au Corps Municipal :

« J'ai reçu, hier, une lettre de M. le procureur syndic du district de Montpellier en date du 16 mai courant ; et la réquisition du conseil départemental faite aux communes de Montpellier, Cette et Massillargues en vue de la formation de l'Armée du Midi, dont M. Montesquiou doit prendre le commandement, en vertu de la loi du 25 juillet dernier.

» La réquisition, y est-il mentionné, ne sera faite que dans le cas où les gardes ne se présenteraient pas volontairement. Dans ce cas, on tirera au sort :

» 1° La moitié de la compagnie des grenadiers,

» 2° La moitié de celle des cavaliers. »

Le lendemain, il fut donc procédé à cette opération et 20 cavaliers furent désignés par le sort. Mais les grenadiers demandèrent à savoir, avant de s'engager, comment s'étaient comportées les compagnies de grenadiers de Montpellier, auxquelles ils entendaient se conformer.

Le tirage fut donc ajourné jusqu'au 22 août; ce jour-là, ils firent soumission et 32 d'entre eux furent désignés pour la défense nationale.

Plusieurs partirent pour Soissons, ce furent des soldats de

Valmy, ces célèbres et terribles va-nu-pieds, devant qui devait céder l'Europe coalisée et les forces disciplinées et réputées invincibles de la Prusse et de l'Autriche.

Ils furent de ceux-là qui, au seul cri de : « Vive la Nation » arrêtèrent les forces menaçantes, que Louis XVI suivait, la joie au cœur, dans leur marche, jusqu'alors triomphale, et qu'il attendait à bras ouverts pour se débarrasser d'une redoutable assemblée et asservir à nouveau le peuple trop inquiétant.

Enfin, ce furent ces hommes de 1792 qui terrassèrent l'ambition d'une folle noblesse, des courtisans de la Cour de Coblentz, parce qu'ils furent de ce peuple qui ne savait pas transiger avec ses principes.

Chaque volontaire recevait une solde de 10 sous par jour qui devait lui être payée par la commune et un surplus fut alloué à douze familles de Marsillargues, à qui l'absence de bras enlevait le strict nécessaire.

En outre, une commission fut nommée dans le sein du Corps Municipal en vue de se transporter chez les personnes notoirement connues par leur fortune ou leurs ressources, pour les inviter à venir au secours des défenseurs de la Patrie et de leurs familles. Cette collecte donna 965 livres 6 sous, somme très raisonnable et qui témoigne de l'intensité, de l'ardeur patriotique et du brillant esprit de fraternité d'une population soucieuse de son avenir.

Une indemnité de 50 livres fut enfin donnée aux grenadiers et cavaliers requis en août 1792, par le commandant général des armées du Midi.

Après l'échec des ennemis à Valmy, leur ardeur bienveillante en faveur d'une monarchie désormais agonisante, semble peu à peu s'éteindre. Ils sont refoulés, et ce ne sera que dans le courant de l'année 1793, que nous leur verrons tenter une fortune meilleure sur la Moselle et le Rhin. C'est à ce mouvement que correspond une deuxième série de réquisitions.

Le maire de Marsillargues dit en effet à son conseil, en date du 30 janvier : « Je vous rappelle que la Patrie est dans le plus grand danger, et que, dans les circonstances critiques dans lesquelles se trouve la République, nous devons, pour la faire triompher de ses ennemis, faire le plus grand effort et le plus grand sacrifice. » Dès lors, à la suite d'une réquisition faite par le conseil du département, cinq citoyens se sont volontairement présentés pour aller à Paris.

Le Corps municipal vota une subvention pour venir en aide à leur famille.

Mais ce volontariat était trop insuffisant, et la Convention fut obligée de décréter, le 24 février 1793, une levée en masse de 300,000 hommes, en adressant, en même temps, au peuple français, une proclamation patriotique. Ce fut l'objet d'une délibération du Corps Municipal de Marsillargues, en date du 21 mars 1793. Bassaget, le maire, y dit : « Je reçus hier les décrets rendus par la Convention Nationale des 21, 22, 23, 24 février, contenant : 1° l'adresse au peuple français ; 2° les décrets relatifs à l'organisation de l'armée et pensions militaires ; 3° le décret qui déterminera le mode de recrutement de l'armée ; 4° une instruction du directoire du département de l'Hérault.

» Il est instant que cette loi soit proclamée à son de trompe dans les endroits accoutumés de la ville, pour que ceux qui voudront se faire inscrire comme volontaires pour la défense de la Patrie, aient à se rendre à la commune.

Immédiatement, la proclamation fut faite et sa publication accompagnée par le corps de la garde nationale. Le dénombrement des habitants fut fait à l'effet d'en tirer tous les jeunes gens et veufs sans enfants de 18 à 40 ans et d'en choisir les 19 soldats citoyens, par la voix du sort, qui devaient être fournis par notre commune.

La liste où devait se faire l'inscription des engagements

volontaires fut ouverte, mais personne ne se présenta, l'on délibéra donc de faire autre chose : l'on procéda au vote. Les citoyens, réunis dans une salle de la maison commune, adoptèrent, après les débats et malgré les officiers municipaux, le mode de scrutin ; une réclamation s'éleva, c'était une partie de l'assemblée qui demandait l'ajournement de cette opération, pour en appeler à l'administration supérieure. Mais il n'y avait pas de temps à perdre, le décret était là, impérieux et nécessaire.

Dès lors, l'appel nominal ayant été fait, chacun se présenta avec une liste où étaient inscrits les noms des 19 soldats à choisir, et la déposa dans un vase destiné à cette opération. Les réclamants protestent encore énergiquement sur l'irrégularité du vote, mais ils ne sont point écoutés et l'on dépouille les listes.

Le résultat de ces scrutins devait être annulé par le corps administratif supérieur, en date du 28 mars ; mais il devait en résulter un élan patriotique auquel personne ne s'attendait.

Les listes ouvertes au volontariat, qui avaient été vierges de noms quelques jours auparavant, comptèrent 25 volontaires au lendemain de ces opérations illégales.

Ces braves et dévoués patriotes furent appelés le premier avril devant le Corps municipal et 19 d'entre eux furent choisis, selon le texte de la réquisition.

Il existait donc toujours et malgré tout cet enthousiasme, et cette foi nouvelle en un culte jusqu'ici inconnu animait toujours notre population française.

D'ailleurs, ceux qui voulaient se soustraire au sacrifice que demandait à ses enfants une Patrie dangereusement menacée, n'en devaient pas moins contribuer à son ressaisissement et à sa victoire. « Relativement à la loi du 21 octobre 1791 sur l'organisation des gardes nationales, dit le maire à son conseil, 6 avril, il est porté que ceux qui auront les qualités requises pour le service et qui ne se seront pas fait inscrire seront obligés, non de monter la garde à leur tour, mais de payer deux journées de travail fixées à 2 livres 8 sols » et il dépose la liste de ceux qui « se sont écartés de cette loi » et qui doivent y être soumis.

Cette cotisation servit à habiller les dix-neuf volontaires que le Corps municipal de Marsillargues avait choisis dans sa séance du premier avril.

Le 28 du même mois, une réquisition plus importante appelait sous les armes : dragons, volontaires et matelots de notre commune.

Toute la cavalerie du canton et ville de Marsillargues devait se rendre à Narbonne. Les dragons, qui étaient sans monture, réquisitionnèrent les chevaux de luxe, et leur capitaine, Joubert, fût tenu de s'occuper de suite de la remonte de sa compagnie. La réquisition n'en demandait que quinze ; mais ils manifestèrent de désir de partir tous, ce qu'on ne put leur accorder.

Une réquisition du représentant du peuple Royer appelait cinquante-huit hommes choisis par la voie du sort et parmi les citoyens actifs non compris dans la garde nationale.

Cinquante volontaires se présentèrent et le contingent fut complété par voie du tirage ; remarquons que le curé Costecalde élu fut proclamé volontaire par le Corps municipal. Ces hommes furent dirigés sur Béziers, ils devaient concourir à la formation de l'armée des Pyrénées qui avait son centre d'opération à Narbonne ; un secours fut accordé à leurs familles par la municipalité.

La réquisition des matelots eut un autre caractère. Tous les marins classés de la commune ayant à partir sans délai pour se rendre à leur destination ne voulurent pas obéir aux ordres de la municipalité, malgré les vives instances de celle-ci. Le maire se vit donc obligé de requérir trente hommes pour se transporter chez lesdits matelots et les sommer de partir au nom de la loi. Dans le cas de rébellion, ils devaient être arrêtés et mis entre les mains de la gendarmerie nationale, pour les conduire où il serait nécessaire. La première sommation fut suffisante.

Ces hommes enlevés de leurs foyers s'absentaient à une époque qui eût réclamé leur travail et leurs bras ; lorsque mai arriva, que les moissons eurent poussé et que les pâturages nombreux qui entouraient alors Marsillargues furent prêts à être fauchés, les forces manquèrent ; en vain, des pétitions furent-elles adressées aux administrations supérieures ; on avait besoin des volontaires aux frontières. La récolte se fit donc dans de très mauvaises conditions, on en verra plus loin les conséquences.

Les premières réquisitions devaient être délivrées, au moment des travaux de la moisson, cela avait été convenu entre la municipalité et les représentants du peuple en mission dans le département. Lésées dans l'une des promesses les plus intéressantes et les plus intéressées, nos populations s'aigrirent contre le gouvernement, qui les négligeait ; elles témoignèrent leur mécontentement, lors d'une nouvelle réquisition, 17 juillet 1793, pour la formation d'un bataillon pour l'armée des Pyrénées. Marsillargues ayant à fournir neuf hommes, les citoyens demandèrent à attendre le dimanche suivant pour procéder aux opérations du tirage au sort ; car, disaient ils : « Le recrutement nouveau ne devait porter que sur les villes et Marsillargues ne peut être considéré comme telle, puisqu'il est bien connu qu'il n'y a aucune espèce de commerce, qu'elle est purement agricole et que, son terroir étant très étendu, elle avait besoin de beaucoup de bras, surtout au moment de la récolte ». En vain, les conseillers municipaux leur représentèrent qu'il était urgent de s'occuper de la levée, vu que les ennemis étaient à nos portes et que, quand même cette commune serait un peu grevée, le patriotisme qu'elle n'a jamais cessé de manifester devait lui faire faire quelques sacrifices et la porter à obéir de suite aux lois. Les citoyens se refusèrent au tirage.

Cette manifestation fut suivie de plusieurs pétitions faites par les pères de famille dont les enfants étaient partis à l'armée des Pyrénées afin de solliciter leur relèvement.

Désormais, le plus grand désintéressement pour les affaires de l'Etat règne parmi notre population, l'égoïsme semble faire place à ces magnifiques élans d'abandon de soi-même ; partout, des désertions se produisent.

C'est, à mon point de vue, le seul moment de notre histoire locale qui faiblisse dans cette épopée révolutionnaire ; il est triste de le constater. C'est presque le découragement qui se lit partout, on le devine à tout instant : en juillet, les matelots partis en réquisition à Toulon manquent à leur promesse et retournent dans leurs foyers pour maints prétextes. On est de nouveau dans l'obligation de réquisitionner la garde nationale et de faire arrêter les délinquants pour les livrer à la gendarmerie nationale qui devra les reconduire au lieu de leur destination.

Mais la Patrie est à nouveau menacée ; il faut opposer, une fois de plus, une vigoureuse défense aux ennemis extérieurs coalisés ; et la Convention vient de décréter la levée en masse.

Le corps municipal de Marsillargues recevait, le 2 septembre :

1° Deux lettres des représentants du Peuple aux Pyrénées-Orientales aux administrateurs du département, datées du 29 août et portant avis des démarches hostiles de nos ennemis ;

2° Un arrêté du 30 de ce même mois, portant réquisition de tous les citoyens de la première et de la deuxième classes (de 18 à 40 ans), pour partir dans les vingt-quatre heures ;

3° Un extrait du procès-verbal des séances publiques de l'Hérault du 30 août, portant réquisition d'un cinquième et sixième bataillons en formation à Béziers ;

4° Un extrait du procès-verbal des séances du district de Montpellier du premier courant, fixant le rassemblement des diverses communes environnantes à Lunel.

Le commandant de la garde nationale fut immédiatement requis de battre la générale pour rassembler les citoyens en état de porter les armes, leur communiquer ces ordres, et les faire partir dans vingt-quatre heures.

Deux officiers furent envoyés aux salins de la commune d'Aigues-Mortes afin de ramener à Marsillargues les citoyens en état de réquisition pour partir avec leurs frères d'armes. Enfin, trois charrettes de blé furent envoyées au moulin de la rivière sur-le-champ, pour fournir aux premières nécessités des volontaires.

Malgré toutes ces mesures, les volontaires réunis à Marsillargues n'en étaient pas encore partis le 6 septembre ; ils furent requis par une lettre du commissaire Estève qui n'était pas des plus rassurantes, — ansi qu'on peut le voir, — pour les ennemis de la politique conventionnelle. Il y était dit :

« En vertu des pouvoirs donnés par les représentants du peuple près l'armée des Pyrénées-Orientales et qui m'ont été délégués, je requiers les citoyens maire, officiers municipaux et procureurs de la commune de Marsillargues, sur leur responsabilité, d'assembler de suite tous les jeunes gens non mariés ou veufs sans enfants, depuis l'âge de dix-huit ans jusqu'à celui de quarante, à l'effet de partir de suite pour se rendre à Montpellier, où ils s'organiseront définitivement en compagnie et d'où ils partiront avec les citoyens requis de ladite ville.

» La municipalité est autorisée à faire toutes les démarches nécessaires pour faire transporter les subsistances dans les proportions d'un quintal de farine pour chaque homme, et dans le cas où la quantité de farine ne se trouverait pas, elle sera remplacée par un setier de blé par tête.

» Les subsistances seront transportées à la suite du détachement. On ramassera tous les fusils, pistolets, sabres et piques

qui pourront se trouver chez les divers particuliers de la commune, lesquels seront tenus de les délivrer sous les peines portées par la loi ; et, dans le cas où il ne pourrait se trouver assez d'armes pour que chaque citoyen requis en soit pourvu, il sera délivré à ceux qui n'en auront point une pelle et une pioche.

» Il est observé aux habitants que toute personne, homme ou femme qui s'opposera par des discours ou autrement au départ des citoyens requis, sera dans le cas d'être traduite, suivant la loi, devant le tribunal révolutionnaire et punie de mort.

» La municipalité avertira les citoyens mariés jusqu'à l'âge de quarante ans, de s'exercer et de se tenir prêts à marcher contre les malveillants et les aristocrates, si le cas le requiert.

» Elle emploiera la plus exacte surveillance pour découvrir les agitateurs et les désorganisateurs et les dénoncera au Comité de salut public du département pour qu'ils soient livrés à l'accusateur public, qui reste chargé de les faire punir suivant toute la rigueur de la loi ».

» Montpellier, le 6 septembre 1793, l'an II de la République une et indivisible.

» Le Commissaire délégué par les représentants du peuple,

» *Signé :* ESTÈVE ».

Telle était la catégorique affirmation des représentants du Peuple du danger qui menaçait la Patrie et des sacrifices que l'on exigeait des citoyens. Tout ennemi était dangereux à l'heure présente, mieux valait sa mort que ses griefs et ses menées.

Cette proclamation fut publiée « avec la pompe et le respect dus à la loi ». Cependant, le lendemain quelques citoyens n'étaient pas encore partis et le commandant de la garde fut requis avec un piquet de six hommes pour se transporter chez eux, les faire partir le jour suivant et les faire rendre à Montpellier où se trouvaient déjà les autres. « Vu leur opiniâtreté et résistance à la loi, la garnison fut mise, à leurs frais, chez eux jusqu'à leur départ ».

Marsillargues, désormais, ne renfermait plus aucun volontaire valide. Citoyens veufs ou jeunes gens, gardes nationales, matelots, tous étaient aux frontières ou sur nos côtes.

Quel triste spectacle devait offrir notre pays en ces jours de douloureuse attente ! Tout devait y être consternation, deuil ou regret. De pareilles heures furent néanmoins sublimes de dévouement et de courage.

Et tandis que Marsillargues venait d'envoyer au secours de la Patrie le meilleur de son sang, paraît une réquisition nouvelle, 10 septembre, portant sur tous les gardes nationaux à cheval, pour être envoyés à Nice, Mais, où étaient-ils ces hommes ? La réquisition du 28 avril les avait appelés, ils étaient encore au champ d'honneur. Le Corps Municipal répondit donc aux autorités supérieures que la compagnie était dissoute.

Nous ne trouverons ensuite que de petites réquisitions, comme celle qui est signalée au Corps Municipal, le 26 octobre, et qui demande deux hommes de cavalerie, en vue de former un contingent de 30.000 hommes (décret de la Convention 22 juillet 1793) ; celle du syndic des marins de Villeneuve-les-Maguelone qui appelle, pour le 28 du même mois, les marins de Marsillargues, afin de les embarquer sur les tartanes de Cette, arrêtées pour le service de la République. Ils furent à nouveau réquisitionnés, le 11 nivôse (janvier 1794), par le chef principal du bureau civil de la marine. Voici le texte de la lettre qui fut publiée et proclamée :

Au nom de la République française

LIBERTÉ, ÉGALITÉ

« Il est ordonné au citoyen Antoine Boudon, syndic des gens de mer du syndicat de Villeneuve, de se rendre en expert, avec tous les matelots de son syndicat, pour les armements de la République ; et l'autorisons à prendre tous les moyens possibles, en cas de refus des dits gens de mer et sur sa responsabilité de l'exécution de nos ordres.

» A Cette, le 7 nivôse an II de la République une et indivisible. Le chef des bureaux civils de la marine.

» *Signé :* Guys.

Ces hommes furent envoyés à Cette.

Les volontaires ne furent appelés de nouveau que le 14 floréal (8 mai 1794), par une réquisition du citoyen Bancal avec arrêté du représentant du peuple à Châteauneuf-Randon, portant que les citoyens de la première réquisition depuis dix-huit jusqu'à quarante ans avaient à se rendre à Montpellier, dans l'espace de trois jours, pour recevoir les ordres qui leur seraient donnés. Vu l'urgence de cette opération, le Corps Municipal fit publier cette proclamation à son de trompe. Nous sommes renvoyés encore jusqu'au 4 thermidor, avant de pouvoir signaler de nouvelles réquisitions. Ce jour-là paraît un arrêté du Conseil d'administration de Montpellier, concernant le départ des citoyens non mariés ou veufs sans enfants, depuis l'âge de dix-huit ans jusqu'à celui de vingt-trois, qui pouvaient se trouver dans la commune et avaient été compris dans la grande levée en masse. Ces hommes devaient se rendre à Montpellier, le 11 du même mois (29 juillet 1794).

Un seul fit défection. Comme « l'article 7 du décret disait que les municipalités étaient tenues d'employer les visites domiciliaires pour rechercher ceux qui voudraient échapper à la réquisition et de faire arrêter tous les citoyens qui ne se présenteraient pas spontanément devant elle, pour attester de leur obéissance à la loi », que le nommé Charles Capel n'avait jamais voulu obéir aux réquisitions qui lui avaient été si souvent présentées pour se rendre aux armées et que rien ne pouvait le dispenser de s'y soustraire ; il fut délibéré que ledit Capel

devait être arrêté sur-le-champ, conduit de brigade en brigade
et ensuite amené à l'armée. L'agent national de la commune
fut chargé d'écrire à celui de Villeneuve-les-Maguelone, résidence du délinquant, afin de donner les ordres pour l'arrestation. Nous le voyons, en effet, paraître devant la municipalité
de Marsillargues, le 19 du même mois ; il est dès lors requis
de partir dans les vingt-quatre heures pour aller conduire les
mulets et chevaux de la République.

Le 17 fructidor, paraît une nouvelle requisition du délégué
Bancal, relative au départ des jeunes citoyens qui viennent
d'avoir leurs dix-huit ans révolus dans le courant de l'année.
Ces jeunes volontaires devront se rendre à Montpellier, avant
le 24 de ce même mois (10 septembre 1794) pour passer la
revue devant le général Peyron.

Il fut fait une proclamation à son de trompe du dit arrêté,
avec accompagnement d'un détachement de la garde nationale.
Cette réquisition groupa 35 recrues de dix-huit ans, elles furent
dépêchées à Carcassonne, avec une solde de 30 livres chacune.

La municipalité maintenait ainsi les citoyens soldats et leurs
familles ; des secours nombreux leur étaient accordés en argent
ou en nature ; et quand parurent les lois du 13 prairial relatives aux secours et indemnités à accorder aux défenseurs de
la Patrie, elle fit publier à son de trompe une réunion des
parents ayant leurs enfants aux frontières, afin de nommer des
commissaires vérificateurs et distributeurs. Cette réunion de
citoyens et de citoyennes eut lieu le 15 thermidor (2 août 1794)
et eut de bons aboutissants.

Cependant, les réquisitions se succédaient. Les victoires, il
est vrai, récompensaient les efforts et les sacrifices de ce
peuple dont le dévouement n'avait de borne que l'oubli de
soi-même.

Le 10 vendémiaire (2 octobre 1794), le maire, Bourely,
donnait connaissance à son Corps Municipal d'un arrêté du
Comité de Salut public du 6 messidor et de celui du représen-

tant du peuple près de l'armée des Pyrénées-Orientales du 28 fructidor qui le rappelait : « Vous êtes tenus, par l'un et l'autre, de veiller au départ des volontaires revenus malades de l'armée et qui sont maintenant rétablis. En conséquence, dit-il, je remets sur le bureau la liste de ceux qui sont sur le point de partir, d'après le rapport des officiers de santé ».

Le Corps Municipal délibéra qu'il serait envoyé une réquisition particulière chez tous les volontaires compris dans la présente liste et qu'il leur serait remis un ordre de se rendre à leurs corps respectifs, leur désignant la route qu'ils auraient à prendre.

Suivent dès lors les indications relatives à ces volontaires :

« Au nom du Corps Municipal, les citoyens qui étaient revenus dans leurs foyers pour se faire guérir des maladies et blessures contractées à l'armée et qui se trouvent actuellement rétablis, se rendront de suite au 7me bataillon de l'Hérault et seront tenus de partir le 12 de ce mois, en suivant la route ci-après désignée et par étapes : le 12, ils iront coucher à Montpellier et recevront l'étape ; le 13 à Mèze, le 14 à Pézenas, le 15 à Béziers, le 16 à Narbonne, le 17 à Sigean, le 18 à Rivesaltes, le 19 à Perpignan. »

» Par nous, maire, officiers municipaux et agent national de la commune de Marsillargues le 18 vendémiaire, an III de la République... »

Le même jour, nous trouvons encore mentionnée dans les archives municipales la lettre qui suit :

MORT AUX TYRANS, PAIX AUX PEUPLES

RÉPUBLIQUE FRANÇAISE, LIBERTÉ, EGALITÉ !

Honoré-Auguste Massol, général commandant la 7me division de l'armée des Pyrénées-Orientales et les côtes maritimes du Gard et de l'Hérault : vu l'impossibilité de fournir des troupes aux postes des côtes maritimes, les bataillons de la division étant presque tous à l'armée et sur les frontières ; étant non moins indispensable de fournir des troupes aux postes importants de la côte, les communes environnantes ayant déjà fourni léur part ; d'après l'autorisation du général en chef de l'armée, requiers, au nom de la République, la municipalité de Marsillargues de fournir, sur-le-champ, 50 gardes nationales, pour être mises à la disposition du citoyen Boudier, adjoint à l'adjudant général, pour être, par ce dernier, réparties dans les postes les plus essentiels de la côte, relevées tous les 15 jours et payées conformément à la loi.

A la charge desdits gardes nationaux, de ne point abandonner leur poste qu'ils ne soient relevés.

A Montpellier, le 10 vendémiaire, an III de la République une, indivisible et impérissable.

Le général de division, Signé : Massol.

Vu et approuvé, le représentant du peuple dans les départements du Gard et de l'Hérault :

Signé, Perrin Goupilleau.

Cette réquisition fut annulée par une pétition de la Société populaire, basée sur le besoin où l'on en était d'ensemencer les terres. D'ailleurs le Corps Municipal, vu l'importance de la demande du général Massol et la pénurie des bras, délibéra de se retirer devers l'administration du district, pour la prier de donner droit à la pétition de la Société.

Nous apprenons que Marsillargues était en même temps le cantonnement de 88 prisonniers espagnols pris à Figuières. Notre municipalité fut chargée, envers eux, des fonctions de commandant de dépôt, et nomma un commandant délégué à cet effet.

Quelques désertions sont encore à signaler pendant cette période : le 22 vendémiaire, un arrêté du représentant du peuple, Jeanbon Saint-André, constatait que les marins de Marsillargues en garnison au Fort de la Montagne s'étaient échappés. Et il recommandait au Corps Municipal de vérifier les matricules des gens de mer, « afin de s'assurer par tous les moyens si la totalité des marins de l'arrondissement du Fort de la Montagne avaient été requis pour l'armement des vaisseaux et si ceux qui s'étaient évadés se trouvaient réfugiés dans le quartier. »

Une insoumission non moins étonnante se présenta dans le courant de pluviôse (février 1795.)

Le commandant de gendarmerie de Montpellier lança un arrrêté en date du 7 de ce mois, afin d'arrêter de suite tous les jeunes gens de la commune et autorisa la municipalité de mettre garnison chez ceux qui se seraient absentés pour se soustraire à la réquisition.

Le général Massol réquisitionna une seconde fois ceux qui, venus à Marsillargues pour cause de maladie, pouvaient être rétablis, et chargea le Corps Municipal de faire partir ces jeunes gens sous peine d'être arrêtés, conduits de brigade en brigade et traduits devant le tribunal militaire, pour être jugés comme rebelles à la loi.

La dite publication fut faite, mais personnne ne se présenta : la garnison fut mise chez eux comme chez les marins insoumis du Fort de la Montagne. Force leur fut de partir.

L'une des dernières réquisitions de la Convention fut celle du 6 prairial en III (fin avril 1795) au moment de la défense de Toulon. « Le Corps Municipal, considérant qu'il n'y avait aucun moment à perdre, délibéra de requérir le commandant de la garde nationale de cette cité pour qu'il eût à la faire assembler de suite et aviser au moyen de fournir 40 hommes à envoyer à Toulon. »

Mais, le lendemain, le Corps Municipal ne connaissait pas encore la décision des volontaires ; sur l'avis du maire, il se décida de prendre ses mesures lui-même et délibéra que le commandant serait requis derechef, sur-le-champ et au nom de la loi, afin de faire assembler sa garde et choisir les 40 hommes à envoyer contre les rebelles de Toulon. Cette délibération le rendait, en outre, responsable, personnellement, de l'exécution des ordres qui lui avaient été transmis, et il y était dit que le Corps Municipal resterait à son poste pour lever les difficultés qui pourraient lui être transmises, au nom de la garde, par l'organe de son commandant.

La garde assemblée, on renvoya au lendemain le choix des volontaires.

Le 8 prairial, après avoir été appelés à son de trompe, tous les citoyens se groupèrent à la maison commune. « Mais on avait à peine commencé l'appel de leur nom, qu'il partit de tous les coins de la salle une voix générale : qu'on ne voulait pas tirer au sort, ni partir sans savoir contre qui on allait se battre ; et, malgré toutes les représentations faites par le Corps Municipal sur les dangers de la Patrie, ils se retirèrent, disant qu'ils étaient des « sans-culottes » et qu'ils ne voulaient pas s'aller battre contre des « sans-culottes. »

Copie du procès-verbal de la délibération fut envoyée au district et, sur les ordres de l'administration, le Corps Municipal convoqua les mêmes citoyens le 12 prairial. On procéda, ce jour-là, au vote des 40 volontaires, en mettant dans un sac des billets blancs et 40 billets noirs ; mais, dès le lendemain, une lettre du procureur syndic suspendit leur départ. Les événements avaient changé.

Les lois sur la réorganisation des gardes nationales furent encore appliquées, 22 thermidor (juillet 1795). Celle de Marsillargues fut alors divisée en deux compagnies, dont les membres votèrent pour élire leurs chefs respectifs.

Mais la Convention a terminé son œuvre, elle vient de proclamer sa constitution avec un appel au peuple ; le Directoire lui succèdera, continuant, lui aussi, les réquisitions selon les besoins de la défense. Cette partie est en dehors de notre travail ; il ne nous reste donc qu'à tirer les conclusions de ce chapitre.

En résumé, nous pouvons affirmer que notre population s'est dignement comportée durant cette période de défensive et de danger. Les réquisitions, de plus en plus impérieuses, ont généralement trouvé un écho fidèle et sympathique parmi nos volontaires ; elles s'y sont opérées régulièrement, quant à leur ensemble, et, s'il est vrai qu'il y ait eu quelques défections ou quelques désertions, combien ne devons-nous pas les pardonner, surtout en ces temps d'excitation, d'exaltation patriotiques.

Marsillargues a rempli son devoir ; sa municipalité a été d'une correction et d'un dévouement remarquables ; soyons-en fiers, nous les petits-fils des vainqueurs de Valmy et de Jemmapes.

CHAPITRE II

LES RÉQUISITIONS. — LES ÉQUIPAGES, LES FOURRAGES ET L'HABILLEMENT

L'on a dit avec juste raison que la Révolution et surtout la Convention avaient employé toutes les forces vives de la France pour sauver la Nation en danger. Le chapitre précédent nous a déjà appris avec quelle impériosité les décrets des assemblées nationales réquisitionnaient les volontaires selon les besoins de la lutte ; celui-ci, complément naturel et nécessaire de l'autre, nous dira de quelle manière fut opéré le ravitaillement des armées de la République et l'habillement de ses hommes et quelle fut la part de notre petite cité dans ce mouvement de défense nationale.

Jusqu'au 4 août 1793, nous ne trouvons que des réquisitions de volontaires et de gardes nationales à Marsillargues ; à cette date, paraît un arrêté du district du département demandant au Corps Municipal dix charrettes de fourrage, traînées par quatre colliers chacune, pour les armées de la République. Sur-le-champ, l'intelligente et vaillante assemblée nomme deux de ses membres à l'effet de se transporter dans les écuries de la ville, pour voir quels sont les habitants qui peuvent avoir des mules, mulets ou chevaux en état de travailler au transport de ces fourrages à l'armée des Pyrénées-Orientales.

Cette réquisition, venue au moment de l'enlèvement des foins, s'opéra normalement, quoique la récolte eût été des plus mauvaises cette année-là.

Quelques jours après, 17 août, une deuxième réquisition,

émanant de la même source, demandait à ce que tous les citoyens ayant du blé vinssent en faire la déclaration à la mairie, afin de pourvoir aux besoins d'approvisionnement de l'armée. Le valet de ville fut immédiatement requis par l'assemblée municipale pour faire publier à son de trompe l'arrêté du district et inviter les dits citoyens à faire leur déclaration dans les 24 heures. Cette mesure devait aboutir à la formation d'un grenier d'abondance d'une utilité immédiate pour subvenir à l'exigence des réquisitions et aux nécessités de la population.

Nous trouvons ensuite mention de la lettre suivante en date du 11 octobre 1793 :

« Je soussigné Jean Chantal, employé dans l'administration des hôpitaux militaires et spécialement chargé par le directeur général d'iceux d'assurer le service de cette administration ;

» Vu l'urgente nécessité d'évacuer les hôpitaux du devant de l'armée sur ceux du derrière, afin de procurer à nos braves défenseurs de la Patrie tous les soulagements qui sont en notre pouvoir ;

» Vu aussi le manque de voitures propres à cet effet : requiers le Conseil de Marsillargues de mettre à la disposition des dits hôpitaux, dans le plus court délai, les voitures de luxe ou autres, dont elle a envoyé l'énumération au district de Montpellier, avec trois chevaux, au moins, à chaque voiture à quatre roues et deux à chacune des autres, ainsi qu'un conducteur des dites voitures ; sauf à se faire payer, conformément à la loi ; si toutefois les chevaux n'étaient pas de luxe.

» Rendant le dit Conseil responsable de tout retard, me déchargeant de tout sur lui pour la présente réquisition, faite en double à la commune de Marsillargues, le 11 octobre 1793, an II de la République une et indivisible.

» *Signé* : Chantal. »

Mais tout, à ce moment, est occupé dans la campagne ; c'est

l'époque des semences, et Marsillargues, qui comptait énormément de champs de céréales et de prairies, voyait sa population accomplir ces nécessiteux travaux.

Le Corps Municipal répondit donc que tous les attelages étaient occupés ; dix cabriolets étaient la seule réserve que l'on pût offrir, et encore « pour la plupart avaient-ils besoin d'une forte réparation » ; les chevaux de luxe même étaient occupés aux travaux.

Un arrêté du Directoire de la même date, mais qui ne parut devant les municipaux que le 17 du courant, invitait la commune à fournir 500 chemises pour les soldats. Deux marchands d'habits furent dès lors requis sur-le-champ pour se rendre chez les marchands en gros ou détail et les sommer au nom de la loi de leur remettre les toiles nécessaires à la confection des 500 chemises.

Une deuxième réquisition du 21 brumaire (13 novembre 1793) adressée aux habitants de la commune, les invitait à déposer à la maison commune les capotes et redingotes dont ils n'avaient pas à faire usage.

Une proclamation à son de trompe leur fut faite à ce sujet, priant la population de ne pas différer, car il serait fait des visites domiciliaires pour s'assurer du bon fonctionnement de la réquisition. Deux commissaires pris dans le sein du Corps Municipal étaient chargés de l'estimation desdits habits et de la régularité de leur paiement.

Par la même occasion, 300 quintaux de luzerne étaient demandés par Barrière, maître des postes à Montpellier, pour le besoin des chevaux de poste.

Le 17 frimaire (janvier 1794), le maire disait à son Conseil : « Je viens de recevoir une lettre du citoyen Damours, inspecteur des fourrages de l'armée des Pyrenées-Orientales, en résidence à Lunel, qui met en réquisition toutes les toiles bonnes et couvertures nécessaires à préserver les foins de la plage d'ici à Narbonne, ainsi que toutes les luzernes et foins qu'il peut y avoir dans la commune et de requérir en même temps toutes les charettes qui s'y trouvent pour faire ledit transport ». Cette réquisition eut de bons aboutissants et donna 76 toiles ou couvertures.

Le 12 nivôse (février 1794), en vertu d'un arrêté des représentants du peuple, du 18 brumaire, et d'une lettre du procureur syndic du 17 frimaire, les citoyens de Marsillargues doivent fournir des chemises pour « le service de leurs frères qui sont en présence des ennemis de la République ». Cinquante-neuf citoyens et citoyennes ont volontairement répondu à cet appel et rempli leur obligation ; la citoyenne Nogaret a fourni huit couvertures de laine, estimées par les commissaires d'une valeur de 68 livres.

Ainsi que le prouvent tous ces chiffres, ces réquisitions en nature furent desservies avec une régularité louable. Fourrages, habillements, couvertures furent prodigués par notre généreuse population. Malheureusement, le manque de bras, les intempéries des saisons et une brèche survenue au Vidourle, en octobre 1793, diminuèrent de beaucoup le rendement annuel de notre commune, tout devait s'en ressentir dans la suite.

Signalons, en date du 23 pluviôse (mars 1794), la lettre suivante :

LIBERTÉ, EGALITÉ, RÉPUBLIQUE FRANÇAISE

Au nom du Peuple français, Boisset, représentent du Peuple dans les départements méridionaux, investi des pouvoirs illimités et chargé des réquisitions des substances, enjoint à la municipalité de Marsillargues, en exécution des articles 1 et 2 de l'arrêté du 11 nivôse, de protéger la circulation et l'enlèvement des grains et fourrages que le citoyen Barry, préposé au service des étapes à Lunel, pourra avoir acheté pour le service public.

Fait à Montpellier, 23 nivôse an II de la République, une et impérissable.

Signé : BOISSET.

Peu après cette lettre, 25 pluviôse, suivit une réquisition de ce même représentant portant sur 5 charrettes à envoyer à l'armée des Pyrénées-Orientales, et une réquisition de mulets pour le service des hôpitaux où Marsillargues se trouvait écrit pour deux.

Cette fois, nous trouvons quelques défections égoïstes, que les travaux ou l'intérêt général de la population ne peuvent expliquer ; voici ce qu'en disait le maire à son Conseil en date du 1er ventôse :

« Le peu de déférence que certains citoyens de cette commune ont pour les réquisitions que la municipalité fait au nom de la loi, mérite les mesures les plus rigoureuses contre les infracteurs et notamment contre les nommés Bassaget et S. Encontre, voituriers, qui au mépris de la publication de l'arrêté du représentant du Peuple aux armées des Pyrénées-Orientales, qui met en réquisition 1100 mulets pour le service de l'armée, dont deux pour notre canton, ont soustrait chacun un mulet propre à remplir la demande des représentants, en les faisant partir pour Lyon, après la sus-dite publication.

» Je propose de délibérer que le Corps Municipal écrira à la municipalité de Saint-Esprit, ainsi qu'à celle de Pierrelatte, pour les prier de faire arrêter leurs attelages à leur passage au Pont-de-Saint-Esprit, et de les contraindre, par toutes sortes de voies, à ramener à Marsillargues, et sans perte de temps, les deux mulets qu'ils ont à leurs charrettes, pour concourir avec les autres qui y sont compris à la demande des représentants. »

Une autre réquisition du 2 floréal (22 avril 1794), rendue en vertu des décrets de la Convention du 21 germinal, portait sur un service extraordinaire de mulets et de chevaux pour l'armée, sur tous les cantons et arrondissements de la République. Il devait se faire dans les proportions de 1 sur 25. Le Corps Municipal fit publier à son de trompe un groupement de tous les mulets et chevaux sur la place publique et deux commissaires furent nommés pour le choix. Le 8 floréal, cent attelages furent relevés, bons ou mauvais, et 15 mulets furent présentés. Parmi ces montures, 4 chevaux furent réquisitionnés.

Le même jour nous mentionnons la lettre suivante :

Equipages militaires

Je soussigné, inspecteur général des ateliers près l'armée des Pyrénées-Orientales, requiers au nom de la loi et sur sa responsabilité, le citoyen Michel Reboul, agriculteur de cette commune, de requérir tous les maréchaux de ce canton, de fournir par chaque décade 200 fers à mulets assortis et estampés.

Il est de plus requis de prendre une note exacte de tous les ouvriers charrons, maréchaux, forgerons et bourreliers pour m'être remise à mon retour de Nîmes.

Il fera toutes les recherches nécessaires pour se procurer toutes les toiles grises propres à couvrir les chariots, ainsi que tous chanvre, cuir, cordes, tous les objets nécessaires à la construction et confection des chariots : le tout pour le service de l'armée, dont les besoins sont urgents.

Je prie, en conséquence, tous les corps constitués, de lui donner toutes les facilités possibles pour l'exécution de la présente réquisition.

Lunel, le 8 floréal, an II de la République, une, indivisible et impérissable.

Signé : GARNIER.

Le 16 floréal, le maire dit à son Conseil : « J'ai reçu une lettre du citoyen Bancal, agent national près le district, en date du 14, où est jointe copie d'une lettre écrite à ce dernier par l'agent en chef des fourrages de Narbonne, en date du 12, ensemble une réquisition par lui faite le même jour à l'effet de faire parvenir à Narbonne toutes les charrettes qui se trouvent dans le district, à raison de 50 charrettes par jour en deux brigades de 25 chacune et un brigadier ; avec l'ordre d'emporter l'approvisionnement en fourrage qui lui sera nécessaire pour dix jours, et de se rassembler à Montpellier, aux casernes pour en partir le 19 du présent mois et aller coucher le même jour à Mèze. Notre commune est réquisitionnée pour 50 charrettes et ceux qui seront fautifs seront considérés comme suspects et traduits devant le tribunal révolutionnaire de Narbonne.

Le 25 floréal, un arrêté des représentants du Peuple aux armées des Pyrénées-Orientales, demandait des conducteurs ou charretiers pour le service de la République ; deux furent envoyés par notre commune et se trouvèrent à Montpellier le 2 prairial, centre indiqué dans la réquisition.

Le 23 prairial (juin 1794) 100 charrettes étaient requises par département, notre canton devait en fournir trois, pour le transport des fourrages dont le chargement devait s'opérer aux magasins de la République situés à Lunel et le déchargement à Narbonne ; un mois après, le même service en réquisitionnait sept.

Cette dernière réquisition, qui ne fut pas faite selon les désirs des représentants, donna lieu à la lettre suivante :

Lunel, 28 messidor, an II de la République...

LIBERTÉ, ÉGALITÉ, FRATERNITÉ, OU LA MORT

Les Commissaires aux subsistances du département du Cantal aux citoyens maire et officiers municipaux de la commune de Marsillargues :

« CITOYENS,

» Nous n'avons reçu que cinq voitures sur les sept que nous attendions. Pierre Soulier et S. Encontre sont en retard. S'ils ne viennent pas charger dans le jour, nous nous voyons obligés de signaler cette négligence. Il nous répugnerait d'en venir à cette extrémité, mais les besoins pressants de notre devoir nous commandent des mesures que votre patriotisme et le désir d'aider vos frères de Murat et Saint-Flour écarteront sans doute et vous engageront à nous envoyer quelques voitures de plus.

Salut, amitié, fraternité.

Signé : Busège, Lamouroux, Chalonier cadet.

L'amour propre et le patriotisme du maire en furent blessés ; car dit-il, « outre le sentiment de bienveillance qui nous anime pour le bien général de la République, je reçois de ces commissaires une lettre portant menace de nous dénoncer si nous ne leur fournissons les charettes promises. »

» Vu la réquisition faite à l'armée des Pyrénées, considérant qu'une partie de notre récolte est encore dans les campagnes, et que ce retard ne provient que de la pénurie de nos moyens et du manque de moissonneurs qui avaient coutume de descendre des départements du Cantal et de la Lozère ; considérant que nous sommes chargés de fournir 600 quintaux aux magasins de la République, au district de Montpellier, et que, malgré notre bonne volonté et nos moyens, il est physiquement impossible que nous puissions compléter cette fourniture dans un délai aussi court, et que cependant les commissaires du département du Cantal viennent nous réclamer des secours pour des frères indigents, mais de quelle manière ? En nous menaçant de la verge ! Je vous propose de faire pétition à l'administration pour l'engager à faire cesser toutes ces diverses réquisitions sur nos charrettes, attendu que nous sommes dans l'impuissance de pouvoir les fournir. »

Telle était la catégorique affirmation de ces hommes de dévouement ; mais, tandis que Dugommier triomphait des Espagnols et les poursuivait jusqu'à Figuières, les vivres et les fourrages lui étaient nécessaires. Cette pétition fut donc sans résultats.

Peu importait aux membres du Comité de Salut public que les bras manquassent et que les attelages fussent nécessaires ! Il fallait sauver la France, partout entourée d'ennemis. Tous les moyens étaient précieux, tous les concours étaient nécessaires.

Le 3 thermidor (juillet 1794), le citoyen Ponsard, directeur des hôpitaux militaires, présent à la maison commune de notre ville, demandait, au nom de l'humanité, des draps et des chemises pour secourir des frères d'armes blessés dans les divers combats aux armées des Pyrénées-Orientales, en séjour aux casernes de Lunel :

« Vu le besoin urgent, dit le maire, je propose d'inviter tous les citoyens de cette commune, par une publication à son de trompe, d'apporter draps et chemises en aussi grande quantité que leur faculté le leur permettra, promettant d'en faire mention honorable au procès-verbal qui sera envoyé à la Convention nationale. »

Cette requête fut entendue ; le lendemain, 500 chemises de très bon usage furent reçues par le directeur des hôpitaux, tant il est vrai que l'esprit de fraternité et d'amour du prochain était devenu général en ces âmes héroïques.

Le 28 thermidor (août 1794), le Conseil municipal avait à statuer sur une lettre du Directoire du département :

« Considérant, y était-il dit, que les arrêtés du représentant du peuple portent que les aubergistes ayant des messageries sont tenus de se pourvoir d'avoine, autorisons le citoyen Pierre Sablier, domicilié à Montpellier, d'acheter, dans le district, telle quantité d'avoine qui lui est nécessaire et le charge de se conformer aux arrêtés de l'administration.

» Montpellier, 23 messidor de la République démocratique. »

Le Corps municipal donna droit audit Sablier de se procurer, dans notre canton, l'avoine dont il pourrait avoir besoin.

Une autre réquisition de la Commission de commerce et d'approvisionnement de la République, du 12 thermidor, mais qui ne fut reçue à Marsillargues que le 4 fructidor (fin août 1794), portait que notre commune devait fournir 2000 quintaux de paille pour le besoin de l'armée.

Le Corps municipal délibéra que ce subside serait fourni par les fermiers et propriétaires des métairies ou domaines de la commune, « vu la difficulté que l'on éprouvait, en hiver, de faire charrier les diverses fournitures en paille de ces métairies, à cause des mauvais chemins qui y conduisaient et dont les eaux pluviales rendaient impossible la circulation. »

Voici, d'ailleurs, l'état qui en fut dressé :

Tamariguière	600	quintaux
La Commune	200	—
Boulet, détenu	150	—
Tournefort	150	—
Mas des Demoiselles	200	—
Mas de Mourgues	100	—
Mas de Favet	50	—
Mas de Barbut	125	—
Fontanier	25	—
Saint-Julien	100	—
Mas d'Aujargues	200	—
Mas de Desports	100	—

Malgré le dévouement de notre municipalité et le zèle avec lequel elle remplissait les réquisitions, une garnison fut envoyée dans nos murs, ainsi qu'il était fait aux communes qui n'exécutaient pas les lois ou les arrêtés des représentants du peuple.

Le maire réunit immédiatement le Conseil général, 25 fructidor (septembre 1794), et dit :

« Messieurs,

» Vous êtes les témoins journaliers des soins continus que
nous prenons pour faire transporter à Montpellier les grains
que le district nous a demandés. Vous savez aussi quelles
mesures ont été prises pour assurer le recensement des grains
semés, produits et existants dans la commune. Le résultat vous
en est connu ; vous n'ignorez pas, enfin, que, malgré tous nos
efforts et nos sollicitudes à cet égard, l'administration nous a
envoyé la garnison pour l'exécution de ces mêmes objets que
nous n'avons jamais perdus un instant de vue.

» Dès lors l'Assemblée, considérant qu'il est dur à des citoyens
qui remplissent leurs devoirs avec tout le zèle des patriotes
d'être traités comme s'ils ne le remplissaient pas ;

» Que, sans compter les peines que prend la municipalité,
d'autre part, et sous lesquelles elle est prête à succomber, elle
n'a cessé un instant de s'occuper d'exécuter les réquisitions
relatives aux subsistances ;

» Que, si toute la célérité possible n'a pas été employée
dans l'envoi du contingent des grains qui a été réparti à cette
commune, c'est :

» 1° Parce que ce contingent ne peut être fourni sans prendre sur la subsistance et la semence des habitants ;

» 2° Parce que la loi, autorisant aussi à garder l'une et
l'autre, il y a beaucoup plus de peine à tirer ce nécessaire que
si c'était un excédent, surtout lorsqu'on voit les citoyens de
Montpellier faire leur provision pour toute l'année et y être
autorisés ;

» Elle a unanimement délibéré :

» 1° De communiquer le tableau de production des blés de
Marsillargues et du district ;

» 2° D'observer à l'administration que tous les blés qu'elle
retirera de la commune, loin d'être pris sur un excédent, sont

pris, au contraire, de son pur nécessaire, puisqu'elle a un déficit réel ;

» 3° Qu'elle persiste néanmoins à répéter au district que, nonobstant l'état de la commune, elle fera délivrer tous les grains qu'elle a à sa disposition, nécessaires à la substance de nos frères du département, si cette mesure est indispensable ou même seulement utile ; ne prétendant pas être dans l'abondance quand ses frères souffrent ;

» 4° Enfin , de rappeler à l'administration que, n'ayant jamais cessé de faire son devoir, elle demande, à titre de justice, que la garnison soit ôtée à une municipalité qui s'est dévouée de tout temps au salut public et qui est prête à mourir pour la Patrie. »

Deux membres du Corps municipal sont nommés pour aller exposer ces réclamations à l'administration.

Celle-ci, en effet, donna droit à la requête ; la garnison fut enlevée à notre commune, mais l'on réquisitionna quand même les fourrages et les grains.

Le surlendemain de ladite réclamation (27 fructidor), un arrêté du représentant du peuple · Delbret demandait à notre commune toutes les charrettes, chevaux, juments, mules, mulets, bœufs, bêtes de somme et en général tous les moyens de transport existant.

Une réquisition du sous-inspecteur des fourrages militaires Barrot portait, le même jour, sur les « bourras ou linseuls en toile grossière» pour le pesage des fourrages et le transport sur les barques. Marsillargues devait en fournir 24 en vingt-quatre heures, et le Corps municipal délibéra, dans sa sagesse, de désigner les personnes qui auraient à fournir les dits bourras.

Mais les réquisitions de subsides se font désormais de plus en plus rares, la grosse tourmente a vaincu, Dugommier a repoussé les Espagnols ; Figuières a tremblé devant nos volontaires ; l'Europe a été frappée et étonnée de notre enthousiasme.

Le 27 vendémiaire (octobre 1794), 14 charrettes sont demandées, pour apporter du fourrage à Narbonne ; un mois après, 27 brumaire, 28 attelages chargés de fourrages partiront pour se rendre au même lieu.

Peu de réquisitions importantes durant l'hiver 1794-95 ; d'ailleurs, la pénurie de grains était énorme ; on lira dans le chapitre : « Rapports de la Population » dans quelle misère tomba notre commune et quelles mesures l'on dut prendre, pour garantir difficilement l'alimentation régulière de ses habitants.

Une requête des représentants du peuple demandant 40 charrettes à notre commune en date du 23 floréal an III (avril 1795) donna lieu à une pétition qu'il est intéressant de connaître, car elle nous dit très clairement quel est l'état de Marsillargues au moment où nous sommes.

« Les citoyens soussignés, agriculteurs de la commune de Marsillargues, aux membres composant le Conseil général de ladite commune :

» Citoyens,

» Il nous est fait, par le Corps Municipal, une réquisition qui nous enlève nos charrettes pour les employer aux transports de l'armée, et c'est de cette réquisition que nous sommes forcés de réclamer.

« Pénétrés de l'utilité du service qui nous est demandé, animés du dessein ardent de servir la cause publique, il n'est pas de sacrifice qui puisse nous coûter, et notre zèle serait sans borne, si nos moyens pouvaient y répondre ; nous nous livrerions avec empressement à la réquisition, si nos intérêts particuliers n'étaient liés à l'intérêt général.

» Ce n'est point pour vous parler de nos pertes que nous vous rappellerons que, depuis deux ans, des réquisitions successives et multipliées nous ont privés de nos bestiaux dans le moment le plus intéressant de la culture ; que la plupart d'entre nous ont perdu les mules qui leur ont été requises et que le petit nombre qui revient de ce service nous est rendu dans un tel état de délabrement qu'il est impossible de les employer aux travaux de la culture sans leur donner les soins les plus particuliers.

» Mais vous sentez, citoyens, quelle a été la suite de ces opérations extraordinaires : la culture d'abord négligée, dans l'espoir de réparer bientôt cette suspension de travaux, toujours languissante par la même cause, a mis nos propriétés dans un tel état que, sans des efforts extraordinaires, nous ne pouvons point nous flatter d'obtenir des récoltes. Jusqu'ici, des possessions qui étaient justement estimées avec beaucoup de soin ont résisté à l'abandon ; mais si nous sommes encore forcés d'arrêter nos travaux, de jeter des semences sur des terres mal préparées, si nous ne pouvons réparer le défaut de culture des années précédentes, il faudra renoncer à l'espérance d'une récolte et la richesse nationale en sera tarie dans sa source.

» C'est dans cette position que nous éprouvons une réquisition qui nous enlève nos charrettes et nos bestiaux, et dans quel moment ? Lorsque la coupe des fourrages qui, comme vous savez, sont très abondants cette année, exigent un travail pressé de transport journalier ; lorsqu'il est urgent de continuer la préparation des champs dont la plupart n'ont pas encore reçu la première œuvre ; enfin, dans le moment où tous les besoins se multiplient, où tous les genres de culture ne peuvent se retarder sans qu'il en résulte des inconvénients inappréciables.

» Il est inutile, citoyens, de vous observer combien la République souffrira de nos maux particuliers. Fixez-vous sur notre position et prenez tous les moyens qui sont en votre pouvoir pour retirer une réquisition dont le préjudice est incalculable, ou du moins pour la suspendre jusqu'après la perception de la récolte pendante. Nous saisirons alors l'occasion de servir la République sans vouer nos campagnes à une funeste stérilité.

» Marsillargues, le 25 floréal an III de la République une et indivisible. »

Suivent les signatures desdits agriculteurs.

Cette éloquente pétition, pleine de bon sens pratique et de logique, fut entendue par l'administration du district, qui supprima la réquisition.

Mais à ce moment, les évènements changent de face, toute l'action se porte vers Toulon, menacée par les royalistes et les Anglais ; notre frontière pyrénéenne n'est qu'un point secondaire de défense nationale, les réquisitions sont moins nombreuses et moins exigeantes. L'une des dernières de la période conventionnelle fut celle du 4 fructidor (fin août 1795), faite par le représentant Clauzel portant sur la masse des tous les attelages, pour un service momentané à rendre à l'armée des Pyrénées-Orientales. Marsillargues y était inscrit pour 70, tous devaient se rendre à Montpellier le lendemain. Le Corps Municipal délibéra donc de faire publier que tous ceux qui devraient partir avec leurs charrettes auraient à se rendre sur la Place-d'Armes à 6 heures du matin avec le fourrage nécessaire.

Le 18 fructidor, l'assemblée primaire avait à statuer sur le projet de constitution de l'assemblée nationale. La Convention avait fini son œuvre !

En laissant la France à des mains nouvelles, elle la rendait faible, impuissante, démembrée, ruinée, il est vrai ; mais elle livrait une France grandie d'un prestige universel incontestable, elle livrait une Nation enthousiaste et sublime.

CHAPITRE III

L'ESPRIT DE LA POPULATION

La régularité et la promptitude avec lesquelles notre population s'acquitte des réquisitions durant une période aussi mauvaise et aussi troublée devrait suffire pour caractériser son esprit ; cependant, elle manifeste encore par de nombreux actes son enthousiasme et par de nombreux discours son élan et sa foi aux principes de la Révolution.

Il est peut-être rare de trouver dans des circonstances pareilles et dans un milieu aussi restreint de meilleures intentions et un patriotisme plus ardent ; il est peut-être rare de trouver un écho plus immédiat et plus intense de la politique des conventionnels.

Inclinons-nous et rendons un hommage profond de respect et d'admiration à ce que furent ces grandes âmes.

Nous trouvons d'abord dans nos archives un acte qui, même dans sa simplicité, nous montre, au début de la lutte contre les ennemis extérieurs, combien étaient compatissants aux malheurs du temps nos compatriotes de 1792.

Le 2 septembre, le Conseil général de Marsillargues était réuni pour exiger que les fonctionnaires publics prêtassent le serment civique ordonné par la loi du 12 août, et, dans cette solennité, le discours suivant fut prononcé par le procureur de la Commune :

« Il est du plus saint des devoirs, pour les amis de la liberté et de l'égalité, de prêter le serment civique tel qu'il a été ordonné par la loi du 12 août. L'Assemblée nationale, à hauteur des circonstances et des événements, sentant toute l'importance de ce serment, en fait un devoir strict à chaque citoyen, pour d'autant mieux sauver la patrie, furieusement menacée par des hordes de brigands et d'esclaves qui ont formé l'abominable projet de le ravager par le feu. Leurs tentatives criminelles ne sont que trop manifestes ; le sang de nos concitoyens coule sur nos frontières et des enfants rebelles, secondés dans leurs complots par Louis et par sa cour, toujours corrompue et corruptrice, se livrent à tous les excès de la plus horrible barbarie, qu'ils font retomber sur les femmes et sur les enfants.

» Citoyens, si c'est une vérité que l'histoire des scélérats est utile par cela même qu'elle excite à l'horreur et l'indignation, quelle horreur ne devons-nous pas avoir pour Louis XVI et ses partisans ? Oui, nous devons livrer au mépris et à l'opprobre éternel un roi qui s'est parjuré de mille différentes manières.

» Mais le serment était déjà porté dans le cœur des vrais patriotes : il était, par conséquent, dans le vôtre, puisque vos actions montrent que vous êtes animés du plus ardent amour pour la liberté et l'égalité et que vous êtes parfaitement soumis aux lois.

» Jurons donc, tous ensemble, avec ce noble enthousiasme qui n'appartient qu'à des hommes libres de maintenir la liberté et l'égalité ou de mourir en les défendant ; et que les voûtes de cette salle retentissent des cris de : Vivre libres ou mourir ! »

Telle fut l'allocution qui précéda la prestation du serment, comme pour immortaliser dans cet acte civique les sentiments et le patriotisme de la population. Un fort courant d'espérances et d'amour remplit ces paroles trop courtes, hélas ! mais la vivacité dont elles sont imprégnées suffit à nous saisir et à nous faire pénétrer l'âme de l'auditoire. Comptons sur nous, soyons fidèles à la Constitution, soyons forts par nous-mêmes, sauvons notre France menacée : tel est le sens de ces quelques paroles, tel est notre devoir le plus pressant.

Suit, peu de temps après, dans cet ordre d'idées, une pétition du curé, demandant aux municipaux de notre commune à ce que les droits de citoyen lui accordent la tranquillité, qui lui est journellement enlevée par le tumulte du jeu de la paume.

Voici le texte de ladite pétition :

» Citoyens,

» Le curé de cette ville a l'honneur de vous exposer :

» 1° Que sa qualité de citoyen de la même ville luy assure, dans la maison qu'il habite, la même tranquillité dont chacun de ses concitoyens jouit dans la sienne ;

» 2° Que ledit curé doit souhaiter cette tranquillité plus que tout autre citoyen à raison de son état, dont le sérieux et la décence lui interdisent presque tous les délassements qu'on se permet dans le monde ;

» 3° Que la maison dudit curé est la maison de la prière et de l'étude, deux objets qui ne *sympathisent* pas avec le bruit et le tracas ;

» 4° Que ledit curé ne peut vaquer ni à l'une ni à l'autre par le charivari étourdissant que fait sous les fenêtres et à la porte de sa maison une foule de joueurs à la paume qui, sans presque aucune interruption, se succèdent depuis le lever du soleil jusqu'à son coucher ;

» 5° Que le flux et reflux presque journalier continuant depuis plus de trois mois, lasse la patience dudit curé, travaillé de plusieurs infirmités ;

» 6° Que les châssis des fenêtres de la maison dudit curé, frappés presque continuellement de coups de paume et quelquefois de pierre, ont été enfoncés et fracassés, que les vitres en ont été brisées et les contrevents des fenêtres ont été aussi très endommagés ;

» 7° Que la réparation qu'on se propose de faire desdits châssis et des vitres brisées ne sera que momentanée si on ne fait cesser la cause qui les endommage et les détruit ;

» 8° Que la condition dudit curé est une vraye servitude depuis la possession prise de ne jouer à la balle que devant sa maison ;

» 9° Que cette servitude fait courir audit curé le risque d'être assailli d'une ou de plusieurs paumes lancées par les joueurs au moment où il sort de sa maison, ou d'être insulté par lesdits joueurs, s'il n'est pas prompt à leur rendre les paumes qui sont entrées dans sa maison, ce qui n'est pas supportable.

» Veuillent, conséquemment, les maire et officiers municipaux délivrer ledit curé de cet état de servitude et prendre des moyens pour qu'il ne soit pas seul frustré de la douce liberté dont la constitution françoise assure la jouissance à tous les citoyens françois, ils obligeront ledit curé et lui feront justice.

» COSTECALDE, curé.

» Marsillargues, le 19 février 1793. »

Le Conseil municipal prit à cœur de vouloir « obliger et rendre justice » à ce fonctionnaire frustré; il publia une défense de jouer à la paume devant sa maison, dont les réfractaires seraient passibles d'une amende déterminée par le Tribunal de police municipale.

Ce fait semble marquer les étapes d'une certaine aversion déjà ancienne entre ce malheureux curé et la population et dont les chapitres précédents portent quelques traces. Mais le Corps Municipal, toujours soucieux du bon ordre et de la paix. impartial et juste, ne songe qu'à la justice et au droit de tous. L'affaire semble donc close après sa délibération.

Un événement bien plus grave devait bientôt mettre en émoi non seulement notre cité, mais la France tout entière : Dumouriez, un des vainqueurs de Valmy et dont l'estime publique glorifiait le courage autant que les services, venait de trahir sa Patrie. Cette nouvelle parcourut la nation, comme un glas lugubre qui étonne et remplit de douleur ; mais chacun songea bientôt à en arrêter les conséquences.

Citoyens, disait notre ancien maire au Corps Municipal réuni le 9 avril 1793 :

« Nous apprenons, par des lettres qui nous ont été envoyées par plusieurs sociétés, que la Patrie est en danger, que le général Dumouriez commandant nos armées, nous a trahis, qu'il a abandonné son poste et qu'il convient de prendre les mesures nécessaires pour arrêter les malveillances qui pourraient s'élever contre nous. Qu'il s'agit de faire annoncer à son de trompes et par tous les endroits accoutumés que tous ceux qui ont des armes et qui ne font pas partie de la garde nationale ont à les porter à la maison commune ; qu'il est essentiel de requérir le commandant de la garde nationale et de mettre deux postes aux avances de la ville ; l'un à Saint-Julien, l'autre au moulin situé sur le Vidourle ; le premier avec un officier, un caporal et dix fusiliers ; le second, de quatre hommes pour surveiller le passage du bac jusqu'à ce que tout sera tranquille ».

Aucun incident ne suivit cette déclaration ; les fusils furent apportés à la maison commune dès le 5 mai, ce qui nous fait augurer d'une excellente opinion sur nos concitoyens et d'un respect sincère aux décrets de l'assemblée municipale. La trahison de Dumouriez, les dangers sans cesse croissants de la Patrie, loin de troubler leur patriotisme ne devaient, au contraire, que le consolider et le rendre plus énergique. Ainsi doit faire une population soucieuse de la gloire de l'Etat.

Nous devons cependant signaler qu'il y avait, à Marsillargues, un parti de la résistance ; mais ses membres n'étaient pas nombreux, ainsi que le montre l'exécution du décret du 26 mars ordonnant le désarmement des personnes suspectes. Seize personnes à peine en subirent la rigueur ; elles furent dessaisies de leurs armes, que l'on déposa à la mairie pour servir aux besoins de la République; tombant sous le coup d'une détention de dix mois en cas de récidive.

Une autre mesure de ce genre ne sera prise que plus tard, en date du 16 septembre de la même année, elle ne portera que sur un seul homme.

Ce suspect, fut un nommé Sérane, ancien greffier du Tribunal du baillage, connu depuis longtemps pour ses menées contraires à l'esprit républicain et que l'on se décidait enfin à livrer aux représentants du peuple. A ce propos, plusieurs membres de la Société patriotique — où n'étaient admis que des hommes sûrs — se présentèrent devant le Corps Municipal et l'un d'eux, après avoir demandé la parole, dit :

« Citoyens,

» Une expérience journalière ne prouve que trop que l'impunité enhardit le crime et que toutes les demi-mesures tuent la chose publique au lieu de la sauver. Citoyens, les choses en sont venues au point que si les amis de la liberté ne portent pas de grands coups, il en est fait de la République : l'esclavage le plus affreux, la mort même leur est réservée. Il faut, dis-je, que tous les amis de la Constitution fassent tous leurs efforts pour la faire exécuter; que, semblables au lion qui se bat les flancs de sa queue pour s'animer au combat, ils redoublent d'efforts, de courage, de fermeté pour terrasser les vils conspirateurs.

Et, comme il nous est plus propre de vous dénoncer les complots criminels que l'exécution sévère des lois, nous venons vous dénoncer le citoyen Sérane, reconnu suspect depuis le commencement de la Révolution.

Ses impostures sont manifestes, il nous en a donné des preuves ; en conséquence, nous vous demandons son arrestation provisoire et qu'il soit dénoncé aux représentants du peuple de Montpellier ».

Ainsi devaient être châtiés, dans cette ère bienfaitrice, les

détracteurs du régime réorganisateur, les oppositions vengeresses, les ennemis de la liberté et du bonheur public.

Une délibération du 13 octobre suivant portait encore
qu'une taxe incomberait aux personnes oisives ou dont « l'incivisme était notoirement-connu », afin d'apporter des soulagements aux citoyens pauvres, ainsi qu'aux familles dont un
des membres serait au service de la Patrie.

L'ensemble de cette gratification fut porté à 16.600 livres,
dans laquelle la citoyenne Nogaret fut redevable de 10,000 et
le citoyen Boulet de 1.500.

N'était-ce pas une rude leçon que de faire secourir la Patrie
par ceux-là mêmes qui auraient voulu sa perte ?

Bientôt après, devait s'établir à Marsillargues un Comité de
Salut public. Déjà établi à Paris, depuis le 6 avril, cette insti-
tution formidable, d'une effrayante et tragique grandeur, sortie
du sein de la nécessité par la Convention qui voyait toute
l'Europe contre nous, devait sauver la France par sa ténacité,
son énergie et sa puissance.

Toute commune dont la population était de plus de 3.000
âmes dut posséder un comité de douze membres; tel était le
cas pour Marsillargues.

Tous les citoyens réunis le 20 octobre dans la maison commune, après avoir pris connaissance de la loi sur les personnes suspectes, se constituèrent en assemblée communale. Le
bureau fut composé; après quoi, sur la demande d'un des membres de l'assemblée, une liste de douze noms, où furent ins-
crites « les personnes les plus propres à remplir les indications
portées par la loi », fut soumise au vote de chacun.

339 votants se trouvaient dans la salle ; 327 d'entre eux
acceptèrent la liste proposée, dont l'élection se clôtura par les
plus vifs applaudissements. »

Ainsi fut institué à Marsillargues le Comité de Salut public,
en ces temps de fanatique patriotisme et de sublime engouement.

Cet engouement trouva encore à se manifester le 23 vendémiaire suivant, à l'occasion de l'application de la loi du 17 juillet, qui ordonnait le « Brûlement des titres féodaux et de noblesse. » Sur la demande du procureur de la commune, il fut décidé qu'on dresserait sur la place d'Armes un échafaud à côté de l'arbre de la liberté, où seraient brûlés deux portraits « désignant les deux tyrans rois Louis XIV et Louis XVI. » Les citoyens et citoyennes dûment avertis par une proclamation, le conseil général de la commune, la garde nationale, dûment requise « pour le bon ordre », devaient assister à cette cérémonie ; car l'assemblée « considérait que les Français ayant conquis leur liberté par la force des armes et de la raison, avaient le plus grand intérêt à ce que tous les signes d'esclavage fussent détruits. » Les intempéries de la saison ne devaient pas permettre que cette opération se fît de sitôt ; nous ne trouvons l'exécution de cette délibération qu'au 9 frimaire prochain, jour de la fête funèbre de Marat.

Une visite domiciliaire fut faite à l'église paroissiale, le 25 du même mois, afin de « faire disparaître tous les emblêmes qui pouvaient rappeler le souvenir des monstres couronnés », Là, une tapisserie représentant « les trois mages qui vinrent adorer Jésus-Christ dans sa crèche » fut trouvée et brûlée ; quatre couronnes de plâtre doré surmontant le tabernacle de la chapelle furent ciselées.

Les derniers restes d'une époque qui n'était déjà plus qu'un souvenir venaient de disparaître ; ainsi le voulaient les lois de la Convention.

A Marsillargues, tout nous paraît être enthousiasme dès qu'il s'agit de faire quelque chose pour la Patrie, de se dépenser pour le bonheur commun ou de lutter pour la liberté. Nous en trouvons une nouvelle preuve au 9 frimaire de l'an II, jour d'une fête funèbre en l'honneur de la mort de Marat.

Par elle commencera une série de fêtes impérissables, immortelles entre toutes, par leur élévation et leur imposante grandeur ; ce seront les fêtes civiques de la Convention.

Et quelle histoire peut donner à un monde coalisé, mais ébloui, l'exemple de tout un peuple en communion intime dans une même idée.

Quelle histoire peut dire, comme l'ont fait nos anciens : nous puisons nos forces dans nos droits et nos devoirs, et nous voulons bénir par des chants de gloire les apôtres de notre liberté, comme pour puiser dans leur mémoire un courage nouveau et ardent.

Quelle histoire enfin, peut montrer un peuple dont la vie soit aussi intense, le patriotisme plus enflammé et l'œuvre plus considérable !

S'il est vrai que l'on puisse faire l'éducation civique d'une Nation par des fêtes nationales, combien dut être grande celle des hommes de la Convention, si nous ajoutons à l'engouement de l'esprit révolutionnaire l'ardeur enthousiaste d'une foule éprise d'aspirations aussi sublimes, et de débordements aussi puissants.

Le 9 frimaire fut donc consacré à une fête funèbre à la mémoire de Marat ; pouvait-on choisir occasion plus favorable pour inaugurer les manifestations de la politique nouvelle ?

Marat ! quelle figure puissante dans un cadre aussi sublime que celui des Danton, des Hébert et des Robespierre ! Cet homme à la face lugubre et blème, au teint pâle, pâle comme un cadavre, et qui ne sort de son taudis que pour demander du sang, c'est Marat. Ce fantôme, aux yeux hagards et à la ceinture rouge, qui ne s'annonce au monde épouvanté que par des paroles sanguinaires ; cette ombre, touchée par les misères de tout un peuple, dont les appels sauvages à la violence sont si sublimement traduits dans « L'Ami du peuple » en accents tendres et élégiaques ; dont le but est le relèvement moral de tout une nation, c'est Marat encore ! Il est l'idole de la foule, malgré ses exigences tyranniques, parce qu'il a su pénétrer les masses ; parce qu'il a su comprendre les besoins de ces âmes frémissantes !

Écoutons quel fut, en cette circonstance, le discours du maire de notre communauté :

« Citoyens,

» La Société populaire délibéra, le cinq du courant, une fête funèbre à l'occasion de la mort du martyr Marat, et à laquelle nous avons été invités ; et, comme il nous est réservé d'agir de telle manière que cette fête soit faite avec toute la pompe et la dignité qu'il convient à des républicains, je vous propose, pour la rendre d'autant plus auguste, d'y inviter les jeunes citoyennes non mariées, et d'engager tout le monde d'y concourir, en célébrant la fête funèbre de l'un des plus grands apôtres de la liberté, et à garder le plus profond silence tant que durera la cérémonie. »

Marat avait été assassiné. Charlotte Corday, une fanatique, avait cru voir dans cet homme la cause des misères et des calamités publiques, et lui avait perforé le sein de son poignard. Mais, pour les républicains de la Convention, il fallait gémir sur la mort d'un martyr, d'un des plus grands apôtres de la liberté ; il fallait convier à la fête funèbre de ce grand homme les jeunes citoyennes non mariées, afin qu'elles pussent venir déposer en sa mémoire des lis blancs, blancs comme leur pureté native ; cette cérémonie valait presque un serment !

Et plus que cela encore, le Corps municipal de Marsillargues délibéra « que les papiers désignant les monstrueux emblêmes de la féodalité, les deux portraits des deux tyrans rois Louis XIV et Louis XVI, seraient brûlés à la suite de cette fête, n'ayant pu l'être plus tôt à cause du mauvais temps. »

Devons-nous ajouter un commentaire à toutes ces délibérations, à ces actes de délire patriotique ? Continuons plutôt à fouiller dans nos vieilles archives pour y découvrir de nouvelles traces de cet esprit de sublime exaltation.

Le 11 frimaire, c'est-à-dire quelques jours après la fête de Marat, les citoyens étaient assemblés au son des cloches dans l'église. Là, le maire leur lut un arrêté du département de l'Hérault, daté du 5 du courant, « demandant à l'assemblée si son désir était de renoncer au culte divin qu'elle avait professé jusqu'ici, et si elle était d'avis que l'église fût destinée à l'avenir aux séances de la Société populaire. »

« Plusieurs débats s'étant élevés à ce sujet, et le vœu de l'assemblée n'ayant pu se manifester à ce moment, parce que plusieurs des membres qui la composaient n'avaient pas bien saisi la véritable question, le maire leva la séance et la remit à sept heures du soir. »

Alors, une nouvelle lecture fut faite de l'arrêté, et l'Assemblée vota, à l'unanimité, que l'église serait remise de suite à la Société populaire pour y tenir ses séances, et que toutes les marques du culte religieux qui s'y trouvaient seraient abattues.

Tel fut cet autre élan, ce nouveau désintéressement des principes religieux pour une cause plus absolue et plus impérieuse, celle de la Patrie !

Ce jour devait marquer encore dans les annales de notre histoire locale une étape nouvelle dans la voie du progrès révolutionnaire ; c'était le digne couronnement d'une aussi magnifique journée.

L'un des membres de l'assemblée dit : « Le parti que vous venez de prendre fait honneur à votre patriotisme et à vos lumières ; et, comme l'arrêté demande de constituer provisoirement *officiers de morale* ceux des ci-devant prêtres qui auront montré attachement constant aux principes de la Révolution, pour être chargés de prêcher la philosophie et le patriotisme, la haine des Rois et l'unité de la République ; je vous propose d'inviter l'administration, de donner à cette commune pour officier de morale *le Ministre du culte protestant*, qui a toutes les qualités requises pour remplir cette place, et dont le patriotisme ardent ne s'est jamais démenti. »

Cette proposition fut acceptée à l'unanimité et avec les plus vives acclamations, et la séance fut terminée par plusieurs chansons patriotiques auxquelles tous les citoyens prirent part.

Ainsi, par une abnégation complète des principes religieux, l'église devenait l'asile des plus ardents révolutionnaires et le siège d'une des sociétés protectrices des droits du citoyen ; le ministre du culte protestant était acclamé par tous officier de morale, propagateur des idées et de l'évolution conventionnelle. Les principes de la Révolution n'ont jamais trouvé d'application plus immédiate et plus complète, ils ne se sont jamais imposés dans une grandeur plus tragique.

Les lois de la Convention, en ces temps d'abstraction de soi-même, paraissent être devenues, elles aussi, d'un tragique crédit. Cet ensemble d'arrêts, plus foudroyants les uns que les autres, qui demandent à chacun un dévouement toujours plus grand et un oubli de soi-même toujours plus complet, semblent préparer le peuple à un dénouement terrible.

Cet état d'anxiété fut exploité par les ennemis de la République ; nous en trouvons une preuve convaincante, mais des plus épouvantables et des plus atroces, dans une dénonciation du Comité de surveillance du canton de Marsillargues aux officiers municipaux de notre commune. Il leur dit :

« Citoyens administrateurs,

» Les contre-révolutionnaires s'agitent en tous sens pour détruire le régime de la liberté. Le Comité, sentinelle vigilante, redouble d'efforts et de zèle pour découvrir leurs infâmes machinations et vient aujourd'hui vous apprendre, avec la plus vive douleur, que ces indignes et lâches êtres ont fait courir le bruit que si la République n'a pas assez de grains, elle égorgerait tous les enfants de dix ans et au-dessous ; ce n'est pas tout, ils disent aussi que le jour de décadi est aboli par une loi de la Convention, afin d'égarer le peuple d'un côté, et de l'autre lui faire avoir en horreur les lois de la République.

» Le Comité, mû par des motifs dont la tendance porte sur le maintien, l'assurance et la tranquillité des bons citoyens, vous prie et vous requiert de faire une proclamation, de la publier, de l'afficher, relative aux deux objets ci-dessus.

» A Marsillargues, le premier de nivôse an II de la République impérissable.

» *Signé* : RIEY fils, vice-président. »

Telle était l'atrocité qui incombait à l'Assemblée nationale. L'indignation du Corps Municipal se trouve traduite dans le procès-verbal d'une délibération datée du même jour. Il est dit dans cet acte :

« Vu la dénonciation faite par le Comité de surveillance portant de l'affreuse nouvelle qui s'est répandue et même accréditée dans tout le canton qu'un décret de la Convention Nationale, convaincue d'un manque de grain pour la subsistance, ordonnait que les enfants de dix ans et de moins seraient égorgés et, de plus, que les jours de décadi cesseraient d'être célébrés et qu'enfin, les biens communaux, qui doivent être répartis, soit en nature, soit en valeur, entre les habitants n'avaient plus lieu et que le département s'en emparait.

» Les administrateurs, le maire et officiers municipaux, considérant que rien n'est plus faux que les faits ci-dessus précisés, que la République est bien loin de manquer de grains et que, quand cela serait, les ressources n'étant pas taries, la commune de Marsillargues n'aurait pas recours aux mesures qu'on lui impute ;

» Considérant que la cessation de célébrer les jours de décadi n'est pas moins une suite de malveillance enfantée par les détracteurs de notre sublime Révolution ;

» Considérant que les biens communaux, loin d'être soustraits au partage décrété entre les habitants, doivent l'être avec plus d'équité ;

» Considérant enfin que ces bruits calomnieux n'ont d'autre but que d'inspirer la méfiance la plus caractéristique aux travaux de nos augustes représentants ; qu'il est de la dernière importance d'en arrêter la propagation ; que l'aristocratie, au bord de l'abîme, ne néglige rien pour entraîner dans sa chute ceux des citoyens qui auraient la moindre disposition d'embrasser sa cause.

» Le Corps Municipal arrête qu'il sera fait par lui, accompagné de la garde nationale, à son de trompe et de tambour, et dans tous les lieux accoutumés de la commune, une proclamation tendant à constater la fausseté de ces bruits dirigés vers la marche de la Révolution pour l'entraver ; qu'affectés du progrès incalculable que fait l'esprit public, ses ennemis s'agitent, en tous sens, pour en couper le fil et retarder les bienfaits qui doivent en résulter. »

Tel devait être le sens de la proclamation :

« Les administrateurs vous invitent, chers Citoyens, à repousser les intrigues perfides tentées par les partisans de la désorganisation. Méfiez-vous-en scrupuleusement ainsi que de ces lâches auteurs ; employez tous les moyens que vous suggèrera le patriotisme pour les découvir et vivez vraiment animés de l'amour de votre Patrie. Dénoncez, les méchants seront livrés au glaive de la loi et vous serez dignes de la liberté. »

Ce sera donc, grâce au bon sens naturel de notre assemblée municipale que tombera le crédit d'une loi qui eût fait, à elle seule, le déshonneur et la honte du régime révolutionnaire. Mais voyons cependant, dans cette suite d'événements combien l'esprit populaire est porté à une crédulité naïve et presque superstitieuse.

Reconnaissons dans ces hommes de 1794 le même esprit, le même besoin de sécurité nationale qui les anima en 1789, et, plus encore, durant l'ère des fédérations ; mais, accordons-leur, ainsi que les événements nous l'ont montré, une confiance plus grande, un patriotisme qui va sans cesse croissant et un dévouement qui n'a de limite que l'abandon de soi-même, et qu'ils ont acquis par la force d'une politique régénératrice.

Loin de nous cette idée, que des pessimistes pourraient tirer en conclusion des faits précédents, en vue d'un manque de confiance et de patriotisme ; la suite nous montrera, bien au contraire, une ténacité frappante et insurmontable. L'enthousiasme que l'on met d'ailleurs à accomplir régulièrement les levées de toutes sortes ne nous est-il pas un garant assuré de cette constance et de cette ténacité ? Nous en trouvons une preuve nouvelle dans ce qui va suivre :

Le 18 nivôse paraît, en effet, un décret rendu par la Convention nationale, en date du 4 du même mois, relatif à la prise de Toulon. Et comme il y est dit qu'il sera célébré, dans toute l'étendue de la République, une fête nationale le premier décadi qui suivra la publication de ce décret, le Corps Municipal délibère « que cette fête ait lieu par les sons des tambours et des hautbois et une course de taureaux. »

Toulon est délivré ! La République est en fête, malgré les dangers de la Patrie. Célébrons une victoire !

C'est donc par une course de taureaux, la première que nous trouvions mentionnée dans nos archives depuis la tourmente révolutionnaire, que Marsillargues remplira ce devoir sacré.

Voilà la confiance rétablie ; notre population, troublée un moment par les meneurs de la « contre-révolution », vient de reprendre le cours normal de son existence.

Nous traversons, cependant, la période la plus critique du régime conventionnel. C'est l'époque où tout citoyen aisé et soucieux de son existence a besoin d'un certificat de résidence et de civisme pour s'opposer aux attaques insolentes de l'ennemi du dedans. La sécurité personnelle est à ce prix. Un de ces actes le plus curieux à observer est celui d'un « certificat signé par tous les catholiques de Marsillargues, délivré au citoyen Costecalde, curé, en date du 23 pluviôse, comme quoi, depuis le commencement de la Révolution, il a prêché le patriotisme dans tous ses discours ». C'est en vertu de cette forma-

lité que le Corps Municipal convient de délivrer audit curé
un certificat de résidence et de civisme.

Cette mesure nous paraît justifiée, de la part de ce fonctionnaire, par l'aversion quelque peu marquée d'une certaine partie
de la population à son égard, antipathie que nous avons eu
d'ailleurs occasion de constater précédemment et qui eût pu
amener une situation des plus périlleuses pour l'existence du
curé.

Malgré le dangereux de la situation du moment, les actes
tendant à affirmer le patriotisme et le républicanisme de la
population Marsillarguoise ne sont pas rares.

Le 25 pluviôse, c'est le nommé Antoine Anglas qui se présente devant le Corps Municipal, muni de plusieurs lettres
signées du tyran et portant : l'une, sa nomination de cadet
dans le régiment d'infanterie du Limousin ; les autres, éta-
blissant son grade de sous-lieutenant, puis de lieutenant dans
le même régiment. « Ne connaissant, dit-il, aucune loi qui
astreigne les officiers retirés à réduire à néant les lettres qu'ils
auraient du tyran, il ne veut nullement avoir à en faire usage
et se présente, bien volontairement pour les brûler en présence
du Corps ».

L'Assemblée Municipale, rendant hommage à la conduite du
citoyen Anglas, relative aux sentiments qu'il vient d'exprimer
contre le tyran, a, sur-le-champ, fait brûler les lettres men-
tionnées ci-dessus, en criant : « Vive la République ! »

Cet Etienne Anglas avait déjà manifesté la libéralité de ses
opinions en acceptant le grade de capitaine d'une des compagnies d'infanterie de la milice de Marsillargues ; ce nouvel
acte n'est donc qu'une confirmation plus frappante de l'inflexi-
bilité de ses opinions et une marque nouvelle de l'activité et
du dévouement du Corps Municipal de notre localité.

Dans une délibération de cette même assemblée, nous trouvons encore en date du 9 germinal :

« C'est demain le beau jour de l'inauguration de l'arbre

vivant de la fraternité et de la liberté que la commune a planté
en vertu de la loi du 3 pluviôse. Ce jour doit être cher à tous
les vrais républicains. Pour rendre cette cérémonie plus
brillante et pour y faire participer tous les citoyens, je propose, dit le maire, d'inviter la Société patriotique et populaire
d'assister à la cérémonie avec le même cortège qui doit
accompagner l'inaugurationn des arbres que ladite Société doit
faire planter demain. »

Il est regrettable que nous n'ayons pas de données suffisantes pour établir à quel endroit, exactement, ces emblèmes
vivants furent plantés. Vivent, néammoins ces symboles et
puissent-ils croître comme vivait et croissait alors la flamme
patriotique de notre paisible population!

Tout cependant n'est pas paisible et calme dans l'étendue
de la République.

Les Montagnards, après avoir fait exécuter les Girondins,
ont vu assassiner Marat ; ils se sont crus menacés dans leurs
œuvres et dans leur propre existence, ils ont fait régner le
régime de la terreur.

C'est la dictature de Robespierre qui commence, c'est la
perte des partis contraires qui devait assurer l'apogée de
l'homme et des siens.

Et ce dictateur, ce tribun, a su, durant plusieurs mois,
conquérir puis garder la confiance publique. Il a su bercer le
peuple français et excuser ses crimes sous l'ombre de trahi-
sons imaginaires. Il a su déchaîner contre les Hébertistes
d'abord, contre les Dantonistes ensuite, la fureur du parti révolutionnaire ; il a conduit jusqu'à l'échafaud les républicains
qui le gênaient dans son action terrorisante, et leur chute en
a fait le dieu des foules, le seul homme du gouvernement aux
yeux de l'étranger.

« La Convention nationale, lisons-nous dans une délibération du Corps Municipal de Marsillargues (13 germinal)
toujours active, toujours en surveillance sur la conduite des

ennemis de la Répubique, a prévenu un grand complot contre
la liberté du peuple en faisant arrêter et punir d'une mort,
trop bien méritée par des forfaits, les Hébert, les Vincent et
autres chefs du complot.

» Cette conduite ferme de la part de nos législateurs est
digne de nos éloges et de notre estime.

» En conséquence, je vote, dit le maire, que le Corps Municipal délibére de faire une adresse à la Convention pour la
féliciter de son énergie et l'engager à rester à son poste jusqu'à ce qu'elle ait détruit tous les ennemis et abbatu tous les
despotes. » Il est enfin délibéré que la Société populaire, dont
le Corps Municipal faisait partie, devant faire une adresse à
la Convention, pour le même objet, il n'en sera fait qu'une
seule. »

Peuple, travaille à te forger des chaînes, prépare toi-même par
ton adhésion et ton ignorance, un joug que tu devras subir sans
murmurer, et dont tu ne sauras plus sortir, parce qu'il t'aura
ruiné et anéanti. Car, enfin, est-il bien vrai que le sang des
Girondins, des Hébertistes, des Dantonistes, de tous ces
républicains aux principes moins violents que les apôtres de
Robespierre, fut nécessaire pour sauver la France ? Leur mort
n'avait-elle pas plutôt pour but l'accomplissement des rêves
d'ambition et de domination de celui qui devait tomber lui-
même, au 22 thermidor, victime de ses excès et de sa propre
furie ?

Mais devons-nous prétendre que le peuple a voulu aliéner
ses principes et son républicanisme en favorisant ces crimes
d'Etat atroces et contraires à son but ? Loin de nous cette
idée, surtout lorsqu'on découvre, enfouies dans les archives
du temps, des discours aussi sublimes, aussi désintéressés ; des
paroles aussi ardentes que celles que nous allons citer.

Le 15 germinal, le citoyen Riey, pasteur, officier de morale,
vice-président de la société patriotique de Marsillargues, se

présentait devant le Corps Municipal, et s'exprimait en ces termes :

« Citoyens administrateurs,

« Le temps des sacrifices est arrivé, l'homme qui n'a pas la volonté et la force d'en faire ne doit pas être mis au rang d'un vrai républicain ; car celui qui préfère ses intérêts à sa Patrie n'est qu'un vil égoïste, un homme sans principes, sans mœurs, sans vertus et par conséquent un ennemi de la République.

» Ce qui constitue, en effet, le bon patriote, ce qui le distingue de l'infâme aristocrate, c'est l'amour ardent de sa patrie, c'est le désir ardent de la voir heureuse et florissante, et comment parvenir à ce but si louable, si ce n'est par le sacrifice, si ce n'est en renonçant à son intérêt particulier, pour ne se consacrer qu'au bien général !

» Citoyens, vous connaissez mon patriotisme, vous savez à quel point j'aime la République et combien je désire son affermissement et son bonheur. Aussi, dès que la tranquillité publique, l'anéantissement de la superstition et du fanatisme semblèrent exiger de moi de suspendre, dans cette commune, mes fonctions de ministre du culte protestant, je ne balançai pas à le faire, quoique cet état fût mon unique ressource et qu'il fût nécessaire à mon entretien, à celui de ma femme et de mes enfants. J'en fais le sacrifice au repos et au bien de ma Patrie.

» Membre de la Société populaire de cette commune, je prononçai dans son sein, il y a quelque temps, un discours dans lequel je déclarai hautement que j'avais quitté et que je quitterai pour toujours ; je promis de n'en remplir aucune à l'avenir et de rentrer dans la classe commune des citoyens.

» La Société populaire applaudit à cette déclaration et en délibéra l'inscription honorable dans ses registres. Je viens, aujourd'hui, Citoyens Magistrats, renouveler la même déclaration au milieu de vous et vous assurer que mon unique vœu sera de voir la patrie florissante, la République assise sur des fondements solides, tous ses ennemis vaincus et écrasés, et je me trouverai heureux d'y contribuer par tous les moyens. »

Ce discours fut enregistré dans le registre des délibérations du Corps Municipal et extrait en fut envoyé à l'administration du district.

Peut-on être plus expressif et plus franc que le fut ce digne fonctionnaire ? n'est-on pas saisi par cette fermeté et cette droiture ? La population qui eut un tel orateur comme officier de morale trouvait en lui la chaleur nécessaire pour l'enthousiasmer et lui faire aimer les progrès du régime nouveau ; et elle avait encore un exemple fort heureux d'abnégation, de désintéressement et de patriotisme. L'éloquence et l'action, quoi de plus pour porter de bons fruits !

Tandis que les réquisitions se succèdent et s'accumulent, toujours plus nombreuses et plus impérieuses ; tandis que notre population subit le joug des exigences d'une période de dangers et de périls nationaux sans murmure et sans abstention, le 14 juillet 1794 — 26 messidor de l'an II — arrive et l'on songe à le célébrer.

« La garde nationale est assemblée sur la place publique de la Révolution, avec le comité révolutionnaire, le tribunal de paix, ainsi que tous les citoyens et citoyennes ; après avoir annoncé la fête par une décharge d'artillerie, le citoyen Encontre, commandant de la garde nationale, et le citoyen Riey, secrétaire de la Société populaire, ont chacun prononcé un discours, lesquels, par leur énergie et leur vive image des premiers pas que les Français ont faits dans la liberté, ont excité les applaudissements et répété mille et mille fois les cris de : « Vive la République ! Vive la Montagne ! Vive la liberté et l'égalité ! Périssent les tyrans et les conspirateurs ! »

» Après quoi, le citoyen Bassaget, maire, ayant pris la parole, a parlé relativement à la fête du jour et a lu la formule du serment décrété par la Convention nationale, que les citoyens présents à la cérémonie, ainsi que la garde nationale, le comité révolutionnaire et les membres du bureau de la Société populaire ont accompagnée des cris unanimes de : « Je le jure ! »

C'est ensuite une fête pour célébrer les évènements mémorables de la journée du 10 août 1792, journée qui avait renversé de fait une royauté suspecte, un tyran conspirateur.

Le 22 thermidor, veille du jour de fête, le président de la Société populaire parlait ainsi devant les membres du Corps Municipal, réunis dans une des salles de l'hôtel de ville :

« Citoyens,

» Je suis député par la société populaire de cette commune pour vous présenter le projet de fête qu'elle a délibéré à l'occasion des évènements mémorables de la journée du 10 août.

» Je ne doute pas, Citoyens, que vous ne partagiez les sentiments civiques dont est animée la société, puisque vous en êtes membres et que, dans toutes les occasions, vous avez témoigné le plus vif enthousiasme, quand la liberté a obtenu des succès sur ses ennemis. »

Le Corps Municipal, après avoir pris lecture du projet de fête dont il s'agit, délibère d'assister en corps à la fête, de requérir la garde nationale, de faire assembler la troupe en armes et de faire ce qui est mentionné dans le projet concernant le Corps Municipal.

Voilà donc notre municipalité, toujours prête à manifester hautement la libéralité de son esprit et de ses opinions. Elle participe à toutes les fêtes républicaines, elle s'enquiert des troubles qui pourraient détruire l'harmonie de la population, prévient les complots et les fraudes, assure de son mieux la régularité des réquisitions de toutes sortes. Quelle sera sa récompense ? Comme il arrive généralement, dans de pareilles circonstances, l'ingratitude, le blâme et les plus fausses accusations. Rien ne nous étonne plus, en effet, qu'une dénonciation calomnieuse dont elle est l'objet et dont nous trouvons des traces dans le procès-verbal d'une délibération du 10 vendémiaire an III :

« Un arrêté du directoire du district de Montpellier relate une accusation intentée à la municipalité pour mépris des lois, elle qui s'est toujours appliquée à les suivre et surtout à les respecter. Ce qu'il y a de plus suprenant c'est que cette accusation soit faite par ceux mêmes que la municipalité a empêchés de violer les propriétés, d'arrêter la libre circulation des subsistances, d'abuser des devoirs qui leur étaient confiés, ce qui n'est pas du tout vague, mais, au contraire, une vérité appuyée sur des preuves authentiques. L'accusation est basée sur une délibération du Comité révolutionnaire de cette commune relative au non-paiement dudit comité, ce qui est une inconséquence de la part de ceux qui se sont permis, sans être assurés de ces preuves, une accusation aussi grave que celle du mépris des lois, pour une municipalité qui n'a jamais quitté pour quelques instants l'intérêt de quelques particuliers à leur aise, pour s'occuper de l'intérêt général qui presse bien davantage.

» Le Corps Municipal convaincu d'avoir rempli ses devoirs, vu qu'il ne pense pas qu'on puisse lui imputer quelques instants de retard, dans un temps, où il est accablé des plus grands intérêts, sachant aussi combien il importe à une autorité qui fait et veut le bien de repousser les attaques de la calamité, a délibéré :

» 1° De demander au directoire du district qu'il ordonne au Comité révolutionnaire de Marsillargues de rayer et biffer la puissante observation que la Municipalité a méprisé la loi, attendu la fausseté de l'inculpation, ou, faute de ce, faire dire par le dit comité qu'il la déclare calomnieuse ;

» 2° De nommer une délégation pour faire au directoire les observations nécessaires à ce sujet. »

Une pareille accusation était, en effet, des plus graves, dans une époque qui avait vu se créer des Comités de salut public et de surveillance, dans un temps qui avait vu tomber sous la guillotine les prétendus suspects ennemis de la Montagne. Mépriser la loi, c'était trahir la République, l'on en connaissait les terribles conséquences. Combien une telle accusation convenait peu à notre assemblée municipale si active si débordante d'enthousiasme !

Le directoire du district de Montpellier lui enjoignit néanmoins de créer un crédit pour le paiement de 209 journées de séances audit comité, à raison de 3 francs par jour, ce qui représentait une somme de 5.016 francs. Ces fonds furent versés provisoirement par les riches de la commune et les détenus mis en liberté.

(Délibération du 19 frimaire an III).

Si nous pouvons louer la conduite de notre ancienne assemblée municipale, nous n'avons pas moins à lui opposer celle de Boulet. L'ancien consul, l'auteur anonyme de l'écrit *Réfutation d'une délibération sans date*, est encore, au moment présent, l'ennemi acharné de la République.

Arrêté comme suspect par le comité révolutionnaire durant la période de la Terreur, il fut détenu, le 4 brumaire an III, sur un avis de ce même comité et un arrêté du représentant du peuple, Perrin, ainsi conçu :

« Boulet sera mis en liberté, il restera sous la surveillance de la Municipalité dans laquelle il résidera, sous la condition que ses fils en état de porter les armes se rendront de suite aux frontières et par là mettront leur père dans le cas de faire des vœux pour la prospérité de la République.

» Montpellier, le 4 brumaire de la République.

» Perrin, *signé.*

» Pour copie conforme, le suppléant de l'agent national du district de Montpellier.

» Valentin, *signé.* »

Malgré cela, nous le trouvons encore réfractaire à ses engagements, et une lettre du Comité de surveillance du district, en date du 6 frimaire, requiert le Corps Municipal de Marsillargues de délibérer :

« 1° Que Boulet ne pourra sortir du territoire, sans l'avoir prévenu ;

» 2° Qu'il s'y présentera tel nombre de fois par décade que l'assemblée le jugera à propos ;

» 3° Que ses trois fils en état de porter les armes se rendront de suite à la frontière, et non comme canonniers à Aigues-Mortes, puisque c'est à cette condition qu'il a obtenu son élargissement ;

»4° Enfin, qu'il soit pris par le Corps Municipal telles autres mesures qu'il jugera à propos, pour tenir ledit Boulet dans l'ordre. »

Il fut, dès lors, immédiatement enjoint aux trois citoyens sus-dits de partir dans les trois jours pour l'armée d'Espagne, quartier de Figueras, seul endroit qu'on pût regarder comme frontière dans cette partie de la République.

Tel était le nouvel acte qui devait encore signaler Boulet. Ne nous étonnons plus désormais de la modération et de la naïveté affectée de son discours sur la Réunion des États-Généraux ; ne nous étonnons pas de sa furtive démission dès les premiers évènements de la Révolution ; l'ancienne personne de confiance de la marquise de Calvisson nous est désormais connue. Elle ne s'est pas démentie à l'heure présente.

La dernière des fêtes civiques de la Convention fut la fête des victoires, célébrée le 30 vendémiaire an III.

« La Convention Nationale, par son décret qu'elle a rendu le 7 vendémiaire courant, ordonne que les victoires des armées de la République, remportées par les défenseurs de la patrie, seront célébrées, et qu'il sera fait une fête le 30, dans toute l'étendue de la République. Et comme nous n'avons pas reçu par la voie du district la manière dont cette fête sera célébrée ;

je propose — dit le maire — de délibérer à son de trompes demain, dans tous les endroits accoutumés de ce canton, que la garde nationale de cette commune se réunira pour annoncer au peuple cette cérémonie ; que les joueurs de *hauts bois* seront invités à participer à ladite fête et qu'ensuite, tous les citoyens réunis se rendront au temple de la Raison pour chanter des chansons patriotiques. »

On symbolisait en quelque sorte les victoires de la République dans les chants de gloire, et on choisissait le temple de la Raison pour honorer et protéger — sous l'aile de cette divinité nouvelle — la Patrie sauvée de nouveau, régénérée et vivante.

En résumé, ce chapitre nous a appris, par une série d'actes et de discours, quelle a été l'attitude de la population Marsillarguoise durant cette période de périls et de dangers. Soyons heureux de dire que cette attitude fut des plus dignes, des plus énergiques et des plus désintéressées.

Marsillargues, géré par une assemblée municipale de citoyens patriotes, amis de la liberté, jaloux de la gloire de la Nation et du succès de la République, nous offre un bon exemple, l'exemple d'une ténacité constante, d'une confiance entière, d'un engouement soutenu.

Nous reconnaissons à tous les discours cités, à tous les actes signalés, la sérénité de cette « harpe éolienne qui vibre et chante sous les baisers du vent » comme l'a dit si délicieusement, dans sa préface, notre ami Pontier.

Il faut de l'exubérance à cette foule enthousiaste, il lui faut de l'action. Son délire patriotique débordera dès lors, dans les fêtes civiques de la Convention, qu'elle célèbrera avec tant de dignité et de pompe ; sa foi ardente en la Patrie se traduira par des paroles du plus pur dévouement, de la plus grande envolée ; peu correctes quelquefois, mais toujours sublimes d'intentions.

L'esprit le meilleur régnait parmi nos ancêtres parce qu'ils luttaient pour la défense de leur liberté. « Vivre libres ou mourir», tel est le cri qui termine la plupart des cérémonies populaires ; tel est leur principe d'action.

Puissions-nous ne pas avoir dégénéré et veuillent les temps futurs révéler en leurs petits-fils une âme aussi patriotique, et un amour aussi intense du bonheur commun !

CHAPITRE IV

LA POPULATION. — SES RAPPORTS

Après avoir analysé, d'après les faits de notre histoire locale, l'esprit qui avait animé la population marsillarguoise durant les troubles révolutionnaires, après avoir esquissé à grands traits le caractère fraternel, patriotique, presque chauvin de nos ancêtres, il m'a paru non moins intéressant d'étudier quels avaient été les rapports de ces mêmes hommes, durant cette même période.

En des temps aussi houleux, un trait domine, trait d'une tragique grandeur, d'un désintéressement sublime, c'est le souci constant de s'assurer des uns aux autres une vie aussi heureuse que possible, une existence pleine de douceur; le souci constant de pourvoir aux besoins réciproques d'un frère à un autre frère, de ceux qui ont quelque peu à ceux qui ne possèdent absolument rien.

Le 3 décembre 1792, le procureur de la commune dit au Corps Municipal réuni en séance publique :

« Je viens d'être instruit par la clameur publique que divers particuliers de cette ville, ennemis du bon ordre et du bien public, violant le respect dû aux propriétés, ont osé faire main-basse sur les arbres de divers citoyens, situés dans ce terroir. Que même ces infracteurs ont menacé les propriétaires de ces arbres qui voulaient s'opposer à leur violence, et, comme il est de notre devoir d'arrêter ces excès et de détourner ceux qui les commettent, je requiers que nous nous transportions à l'instant même sur les lieux pour empêcher la continuation de ces entreprises et voies de fait et exhorter les infractaires à rentrer dans l'ordre. »

Le Corps Municipal se rendit à la réquisition du procureur. A l'Anglon, on trouva des mûriers, des peupliers et des saules arrachés. Deux coupables furent pris sur le fait, et, l'un d'eux « ayant colleté, en présence du Corps Municipal, le propriétaire des arbres » fut signalé à la justice de paix.

L'Assemblée municipale rédigea immédiatement une publication pour exhorter les citoyens au respect des propriétés et de l'ordre public.

Cette marque d'intérêt fut bientôt suivie d'une deuxième qui n'en eut pas moins de pathétique et de dévouement.

Le 17 décembre 1792, le Conseil général de la commune était réuni ; le maire Bassaget y prit la parole, et dit :

« La presque totalité de nos braves manœuvriers se sont présentés successivement et paisiblement devant moi et m'ont représenté qu'ils manquaient d'ouvrage et ne pouvaient faire subsister leurs familles si on ne leur en donnait.

» Un second motif plus puissant encore vient à l'appui de leur demande, c'est le besoin absolu de leur fournir ce travail. C'est que la cherté excessive des denrées ne leur a pas permis d'épargner sur le salaire qu'ils ont gagné à la belle saison pour pouvoir passer l'hiver avec le peu d'ouvrage que cette saison leur procure. Il n'est que trop connu que la nature du terrain et de l'agriculture dans nos contrées basses ne présente aucun moyen d'employer nos nombreux manœuvriers pendant l'hiver, et c'est cette dernière circonstance, citoyens, qui doit vous décider à prendre tous les moyens possibles pour qu'ils puissent employer les bras qu'ils vous présentent et donner le pain qui manque à la plupart de leurs familles.

» Notre commune, quoique chargée de dettes, a néanmoins des moyens puissants pour soulager ceux de ses habitants que la misère accable. Je crois donc que, pour répondre à la confiance de nos concitoyens, nous devons leur prouver que nous en sommes dignes en nous occupant du sort des malheureux, qui est le premier devoir du magistrat. »

Ce discours, plein d'humanité et d'amour du prochain fut entendu du Conseil général. On délibéra de demander aux citoyens des administrations supérieures de permettre qu'il fût dressé un devis estimatif des réparations des chaussées du Vidourle, des chemins et du pavage des rues, et que l'ingénieur du district se rendît incessamment dans notre commune.

Du travail aux ouvriers ! Du secours, des soulagements à la misère et au malheur ! Voilà la plus haute conception que l'on puisse imaginer ; voilà l'œuvre que l'on doive le plus admirer dans une assemblée politique imbue de ses devoirs. La solidarité collective n'en a que plus de valeur, surtout si l'on songe aux difficultés de la situation de ces terribles époques.

Cette délibération trouva elle aussi un merveilleux écho dans l'esprit de nos administrations supérieures : une somme de 5.400 livres fut autorisée à cet usage, et, dès le 1ᵉʳ février, notre population put jouir des fruits de cette libéralité.

Voilà comment l'on devait comprendre la fraternité !

D'autres mesures prises par la municipalité sont encore à signaler et à louer en même temps.

Nous voulons retenir, par exemple, la question du reboisement des chaussées du Vidourle, dont le procureur de la commune expose la nécessité absolue en des termes sentis et des faits précis (21 février 1793).

« Je vous tromperais et je tromperais la confiance dont mes concitoyens m'ont honoré, dit-il, si je vous taisais plus longtemps la position critique dans laquelle se trouve notre cité, relativement au bois pour l'usage de ses habitants ; je dis, en peu de mots, que la commune de Marsillargues touche à l'époque fatale d'un manque. Il ne me sera pas difficile de vous le prouver, citoyens, si vous voulez considérer que les arbres mûriers et autres d'espèces différentes dont étaient plantés les champs ont été arrachés pour le plus grand avantage des grains, et que nos cultivateurs, par l'accroissement subit et inouï, ne laissent plus subsister aucun arbre dans leurs possessions ; qu'ils arrachent même les broussailles des terrains abandonnés pour les forcer à produire.

» Déjà, notre vaste territoire n'offre plus, aux yeux du voyageur, qu'une plaine unie, dans laquelle il n'y trouve pas un seul arbre pour se garantir de l'ardeur du soleil. Cependant, citoyens, il faut nécessairement du bois dans un pays. Le riche s'en procure, quoique très chèrement ; mais, le pauvre ne peut s'en procurer, car ce qu'il gagne lui est absolument nécessaire pour son entretien et celui de sa famille ; il faudrait donc augmenter ses journées ou le voir souffrir par le manque de bois. Je vois, tous les jours, avec la plus vive douleur, que des femmes laborieuses de Vauvert viennent nous vendre, à très haut prix, des sarments et des souches de vigne et que 7 ou 8 sous lui suffisent à peine pour la cuisson d'une journée de vivres.

» Un motif si puissant doit, nécessairement, attirer en faveur du pauvre l'attention la plus sévère des vrais administrateurs, et les engager, par tous les moyens possibles, à adoucir la rigueur de son sort en lui procurant le bois qui lui est nécessaire. » Le Procureur conclut par une proposition de reboisement de la chaussée en *tamarisses*, avec défense aux habitants qui ont des troupeaux de pratiquer ladite chaussée.

Donner à chacun le maximum de bien-être possible, assurer l'alimentation de notre population par une prévoyante politique et une bienveillante administration, ce n'était certes pas là une petite affaire, surtout si nous considérons « l'augmentation continuelle des denrées qui, journellement, croissait avec une grande rapidité » (21 janvier 1793).

Les blés, de plus en plus rares et de plus en plus chers, provoquèrent — mars 1793 — une pétition dans laquelle les boulangers de la ville demandaient au Corps Municipal d'élever la taxe du pain. Celui-ci se surpassa une fois de plus et montra comment une administration républicaine doit comprendre les lois humanitaires de la solidarité et du dévouement ; il délibéra ce qui suit : « Considérant que la classe ouvrière mérite, dans ces circonstances critiques où les denrées de première nécessité se sont élevées à des prix excessifs, toute la sollicitude du Conseil, et voulant pourvoir aux moyens de la secourir, délibère un achat de grains et nomme une Commission chargée de cet achat jusqu'à concurrence de 200 salmées. Un état sera fait des personnes qui ont besoin d'être secourues, et la perte qui résultera dudit grain sera répartie entre ceux qui ne seront pas compris dans ladite liste ».

Voilà comment agissent les administrateurs soucieux de la tranquillité et du bien-être commun.

Cependant, le moment de la moisson et du fauchage approchait, de vives inquiétudes agitèrent notre paisible population : les bras manquaient, les réquisitions enlevaient constamment les cultivateurs pour en faire des soldats.

L'une des dernières réquisitions, celle du 2 mai 1793, se fit avec promesse expresse de relever les volontaires avant la récolte ; le Corps Municipal, à l'approche de ces travaux, demanda « tant pour l'intérêt public que pour l'intérêt particulier, que les membres qui la composaient fussent rendus dans leurs foyers, car, était-il dit : « Presque tous ceux des volontaires de ladite compagnie sont propriétaires fonciers ou fermiers de gros domaines, dont la surveillance a un besoin pressant et absolu de leurs personnes, surtout dans les circonstances actuelles.

» La seule récolte qu'on perçoive à Marsillargues et ses environs, c'est le blé et les fourrages, qui alimentent non seulement le département, mais les Cévennes, et ce serait priver un particulier et le public d'une abondance de grains, très intéressante de tout temps, et, à plus forte raison, à l'heure présente.

Le Corps Municipal prie le directoire du département de

prendre un arrêté clair, précis, tendant au rappel de la compagnie de cavalerie de Marsillargues avant le commencement de juin.»

La réponse des autorités ne se fit pas attendre. Le Syndicat du district, après avoir manifesté son inquiétude en ce qui touchait les agitations de la campagne disait : « Je prends ici l'engagement formel et je vous prie d'en donner connaissance, qu'avant trois jours, vous recevrez des ordres pour contribuer à la formation d'un nouveau bataillon beaucoup moins nombreux que le premier, dont la composition pèsera très peu sur les campagnes ; en sorte que toutes les personnes qui y ont intérêt, peuvent être assurées de revoir sous peu de jours leurs parents, leurs amis ou leurs soutiens.» Salut et fraternité (27 mai 1793).

Mais les arrêtés des représentants du Peuple interdirent les remplacements ; le Corps Municipal fut donc obligé de prendre d'autres mesures : « Attendu que ledit détachement doit rester jusqu'à la fin de la campagne et qu'il est juste que tous les citoyens y concourent, le Corps Municipal délibère que les habitants les plus aisés seront invités à souscrire à raison de leur faculté pour assurer une indemnité aux citoyens qui se dévoueront pour la défense de la Patrie.

Et, attendu que plusieurs citoyens qui composent le détachement de Perpignan doivent être accoutumés au service, et par conséquent plus propres au métier de la guerre, l'assemblée nomme une délégation pour aller les engager à rester à leurs postes, avec promesse de la commune de leur donner à chacun 500 livres et du secours à leur famille.»

Cette invitation fut vaine, les volontaires de Perpignan réussirent à se faire remplacer et un bataillon partit de Marsillargues, à cet effet, le 10 juin 1793. L'assemblée municipale leur promit 60 livres par mois jusqu'à la fin de la campagne et une prime à leur famille.

Voilà venir juin, les moissons commencent ; les étrangers

arrivent pour aider aux travaux de la récolte, les Cévenols, les « Raïous » comme nous les appelons, sont descendus. Les boulangers de notre commune manquent totalement de blé ; tout au plus s'ils en peuvent avoir pour cuire deux jours et ils sont dans l'absolue impossibilité d'en fournir aux localités voisines où règne la disette depuis quelques temps. Pourtant il faut du pain, car si l'étranger ne trouve pas de quoi subsister, il s'en ira. Immédiatement, le Corps Municipal délègue deux de ses membres à l'administration du district qui possède des grains, pour la prier de leur en céder le plus promptement possible et de le remettre aux boulangers au prix de facture.

Tristes époques ! Le pain manque, on ne se procure que bien difficilement les besoins de l'existence ; mais l'amour de la Patrie et de la liberté soutient tous les cœurs et toutes les espérances. «Vaincre ou mourir», telle est toujours la devise de nos aïeux.

Cependant l'assemblée municipale, toujours active et soucieuse, prévoit les difficultés qui s'amoncellent sans cesse ; elle veut remédier aux dangers d'une famine meurtrière et demande (17 juillet 1793), la création d'un marché dans notre commune.

« Nous en avions un autrefois, dit le procès-verbal, qui se tenait deux fois par semaine et où, sur la place publique, les étrangers des environs se rendaient pour apporter leurs grains ou en acheter. L'étendue du territoire en friche est assez considérable et produit immensément de grains pour que Marsillargues demande qu'il soit établi un marché dans la ville ; et ce moyen pourvoira aux besoins des uns et des autres.»

La récolte, cette année, a été moyenne, si l'on n'a pas abondance, désormais on n'est plus dans la misère ; on peut même ô admirable solidarité ! on peut même secourir des frères ; c'est ainsi que, le 4 août 1793, nous trouvons un envoi de 300 salmées de blé à la commune de Cette.

Mais l'expérience est la meilleure des leçons, ou, tout au

moins, celle qui pénètre le plus ; la disette que l'on venait d'éprouver appela des mesures de prévoyance. La commune, s'étant trouvée dans la nécessité, l'hiver dernier, d'acheter du blé pour les personnes les plus indigentes, et cela à un prix exorbitant, avait été obligée de le vendre avec perte pour pouvoir les secourir ; le Corps Municipal jugea prudent de délibérer la construction d'un grenier d'abondance de **2.000** salmées de blé. Un état des citoyens fut dressé et le grain leur fut payé par mandat au taux maximum du cours en vigueur.

Cette même prudence de l'assemblée municipale alla jusqu'à fixer — 17 septembre 1793 — le prix maximum des légumes et herbages et à nommer un commissaire de marché chargé de surveiller la vente des choux, céleris, carottes, avec injonction aux jardiniers « de faire leurs bottes un peu plus grosses ».

Les échanges de victuailles se faisaient : — 3 frimaire an II — novembre 93 — 200 salmées de seigle sont échangées contre une valeur égale de châtaignes et de pommes de terre.

Manque-t-il de la viande ? — pluviôse — mars 1793 — le Corps Municipal se retire auprès du Corps administratif du département, pour se procurer les bestiaux nécessaires à l'alimentation de la commune.

Germinal — juin 1794 — nous offre un exemple de l'intérêt que l'administration municipale prend de l'administration de la commune et de ses habitants.

Un arrêté du district — 6 germinal — portait réquisition à tous les citoyens de verser leurs grains et farines dans un grenier établi dans chaque mairie et de ne retenir, pour chaque personne, que ce qui lui était nécessaire pour un mois, à raison d'une livre par jour.

« Le Corps Municipal, convaincu de l'insuffisance de cette ration, considérant :

» 1° Que les gens exposés aux travaux journaliers de la terre et à toutes les fatigues inséparables de cet état mangent beaucoup plus que ne fait un homme de séjour ;

» 2° Que les gardiens de bétail aratoire et les bergers n'ont, pour toute subsistance, que du pain, des anchois et quelque peu de fromage ;

» 3° Qu'enfin, le reste des habitants de la commune étant des laboureurs ou des cultivateurs qui manquent de toute espèce de légume, ainsi que de toute espèce de viande manducable, ne peuvent point se nourrir avec la quantité de blé fixée par ledit arrêté. »

Le conseil, disions-nous, espérait donc de la sagesse des administrateurs que, pour l'avantage de l'agriculture, ils accorderaient une plus forte quantité de blé à ceux qui font leur occupation journalière de ces travaux. Deux délégués, pris dans le sein du Corps Municipal, furent commis vers l'administration à cet effet.

Leurs doléances furent entendues.

Comme on le voit, on commençait à user d'expédients pour sortir d'une périlleuse situation. Heureusement, nous nous trouvons en germinal : le blé prochain germe, la récolte nouvelle approche. Voilà l'heureuse sortie du mauvais pas où l'on est engagé. Tout fut calme durant la moisson ; nulle plainte. On croirait voir une population dont le seul souci est, à l'heure actuelle, de s'approvisionner, de penser à un avenir qui peut avoir Dieu sait quelles conséquences. Tout travaille ; nulle place à la haine. A peine quelques mesures sont-elles prises au moment du glanage, afin d'enjoindre à toute personne qui avait coutume de glaner de reprendre ce travail aussi utile que nécessaire, sous peine d'être regardée comme suspecte et traitée comme telle » ; et de « défendre aux propriétaires des troupeaux d'entrer dans les champs jusqu'à la fin du mois — messidor — sous peine d'être dénoncés au tribunal révolutionnaire. »

Voilà donc les greniers pleins ; voilà aussi le grenier public des grains et farines approvisionné.

Dès le 10 messidor — 20 juin 1794 — des commissaires

de la ville de Ganges se présentèrent avec l'autorisation d'acheter des blés à Lunel et à Marsillargues jusqu'à concurrence de 1575 quintaux.

Combien Michelet avait bien compris l'esprit de ces hommes, lorsqu'il disait que « l'on allait de ceux qui possédaient peu à ceux qui n'avaient rien du tout, que les besoins de ces frères étaient prévus et éliminés par d'autres frères ».

Le 30 messidor — 18 juillet 1794 — le maire disait à son Corps municipal : « La Société populaire de cette commune vous invita, ces jours derniers, à jeter les yeux sur les besoins pressants où nous sommes réduits depuis quelque temps sur le savon. Si cet objet n'est pas de première nécessité pour la conservation de notre existence, il l'est du moins pour tenir le linge et les hardes propres, ce qui ne contribue pas peu à la conservation de notre santé. » Il concluait en proposant la désignation de deux commissaires, dont un, pris dans le conseil, et l'autre dans la Société populaire, et dont la mission était de se procurer 60 quintaux dans les villes où il était fabriqué.

Une souscription fut ouverte avec invitation aux citoyens d'y concourir, le remboursement des sommes avancées était garanti par le Corps Municipal au fur et à mesure de la vente des savons.

Quelle admirable chose que la solidarité nationale. C'est à elle aussi que nous devons la loi du 13 prairial, qui mettait sous la protection de tous, les parents dont les enfants étaient aux armées et indemnisait les municipalités pour leur venir en aide. Les greniers publics leur étaient ouverts. C'est à l'esprit de fraternité, c'est à la bienveillante sollicitude du Corps Municipal que nous devons encore la délibération qui suit — 4 fructidor — fin juillet 1794.

« La pénurie extrême des comestibles se fait sentir dans cette commune, et nos concitoyens supportent les privations sans le moindre murmure, dit le maire. Vous le savez, citoyens, Marsillargues ne cueille que du blé et des fourrages, et les autres choses nécessaires à la vie manquent totalement. Mais si nous manquons de viande, d'huile, de savon et de toute espèce de légumes, si, surveillants infatigables de l'exécution des lois, nous ne voulons autoriser aucun abus, il faut cependant que nous donnions tous nos soins pour procurer à nos concitoyens, les choses d'un absolu besoin, telles que le savon et l'huile.

» Vous savez que cette dernière denrée nous manque, que, tous les jours, nos paisibles concitoyens viennent nous en demander, vous n'ignorez pas que Marsillargues a présentement 80 malades, que ce nombre s'accroit à chaque instant, et que n'ayant point de viande pour leur bouillon, il leur faut au moins de l'huile ».

« Le Corps Municipal, vraiment touché de la position de ses concitoyens, considérant que la cause des maladies qui règnent dans Marsillargues ne peut être attribuée qu'au défaut de nourriture, aux grands travaux de la récolte auxquels sont livrés par état nos braves travailleurs, qui en font la majeure partie ; considérant qu'il est instant et très instant de procurer de l'huile comme denrée de première nécessité, délibère de s'adresser à l'administration pour l'inviter, au nom sacré de l'humanité, de procurer l'huile aux habitants de cette commune, en considérant qu'ils méritent à tous les égards leur attention pour leur soumission aux lois, et qu'ils ont toujours fait tous les sacrifices imaginables, toujours prêts à en faire à nouveau pour le soutien de la cause sacrée de la liberté. »

Telle était la triste situation de Marsillargues, la misère et la maladie y faisaient de nombreux ravages ; et, malgré cela, nous apprenons que nos populations acceptent leur sort sans le moindre murmure.

Rendons un pieux hommage d'admiration à cette constance et à cette abnégation ; admirons, en outre, le dévouement et le zèle du Corps Municipal.

Les vieillards et les infirmes — 10 fructidor — furent secourus par les produits d'une réquisition faite chez les particuliers qui avaient dans leurs greniers du blé en excédent. Par décret de la Convention du 13 ventôse, un état des citoyens indigents et dont le patriotisme ne s'était pas démenti depuis le commencement de la révolution fut dressé et soumis au Comité de salut public.

Cependant il fallait des mesures générales pour liquider du mieux cette situation des plus périlleuses.

L'une des meilleures qui ait été prise fut celle qui eut trait à la formation d'un Comité d'agriculture, en date du 10 vendémiaire (septembre 1794).

Le procès-verbal de la délibération qui la mentionne rapporte le discours suivant du maire :

« Personne n'ignore que la pénurie des bras est la seule cause du dépérissement des terres, qui semblent toutes en herme. A proprement parler, dans notre commune, ce n'est pas le manque de bras, mais la mauvaise volonté des journaliers qui se permettent, même au mépris des invitations du Corps Municipal, d'aller travailler dans les communes voisines, et, cela, pour se soustraire à la loi bienfaisante du maximum qui est observée dans notre commune de Marsillargues.

» En conséquence, je requiers le Conseil général de notre commune de nommer de suite un Comité d'agriculture composé de dix membres, dont cinq seront pris dans le Conseil général et cinq parmi les journaliers, lesquels seront tenus, sous leur responsabilité, de procurer des ouvriers aux propriétaires, fermiers et autres habitants, pour l'exploitation de leurs terres. Les membres du Comité prendront, en outre, les mesures les plus sévères contre ceux qui voudraient ne pas obéir à leur réquisition.

» Le comité, nommé sur-le-champ, devra prendre telles mesures qu'il jugera nécessaires pour accélérer les semailles ; et, pour que les manœuvriers n'en présentent pas cause d'ignorance, la présente délibération sera proclamée. »

Tel fut l'acte qui devait, semble-t-il, avoir de bons résultats ;

résultat moral, en fixant au sol les indisciplinés qui s'en éloignaient, résultat matériel, en activant les travaux agricoles et en augmentant la production.

Quatre jours après la promulgation des délibérations du Comité d'agriculture (14 vendémiaire) l'assemblée municipale, convaincue de la nécessité de réprimer les abus dont la propagande serait funeste à tous, arrêtait de faire publier à son de trompe une proclamation tendant à ce que les citoyens qui avaient cessé de travailler fussent tenus de se rendre de suite à leurs champs pour s'y livrer durant la demi-journée restante, afin que l'agriculture n'eut pas à supporter le moindre retard. « Ceux qui s'y refuseront, dit la proclamation, d'après la dénonce des citoyens qui les occupent seront dénoncés, ainsi que le veut la loi, au tribunal révolutionnaire. Le Comité d'agriculture est chargé de découvrir les auteurs de cet infâme complot ainsi que les fermiers qui les ont favorisés, lesquels seront dénoncés aux représentants du peuple actuellement dans le département. »

La répression jointe à la mesure, tel était le plus sûr moyen d'arrêter ces ennemis du bonheur public.

Malgré ces extrèmes, le Corps Municipal savait être juste ; une preuve peut bien nous en convaincre :

On avait besoin de blé pour ensemencer (15 frimaire), et notre assemblée municipale, émue de la pénurie des céréales, avait délibéré de vendre aux habitants la récolte d'un citoyen Louis Mourgues, domicilié au Vigan.

Celui-ci réclama par la lettre ci-dessous :

« Citoyens représentants,

» Mon bien est situé dans le terroir de Marsillargues, ma production n'est qu'en blé.

» J'habite dans la commune du Vigan, où je n'ai que quatre

onces de mauvais pain par jour. Sexagénaire, incommodé, j'ai la douleur de voir ma famille ne vivre que de châtaignes, de pommes de terre, tandis que mon terrain alimente les autres.

» Citoyens représentants, j'ai recours à votre justice, à votre humanité ; autorisez-moi à retirer de mon propre bien de quoi alimenter ma famille ; elle est composée de 8 personnes ; à une livre de grain par jour, c'est 240 livres par mois qu'il me faut.

» Qu'il me soit permis, sous laisser-passer, de tirer chaque mois cette quantité de blé du crû de mon domaine situé à Marsillargues.

» Faites disparaître ce point de vue barbare qui faisait qu'un Français habitant un district différent paraissait être étranger aux yeux d'un autre district.

» Signé : Louis MOURGUES. »

Le Corps Municipal soumit immédiatement au représentant du Peuple Perrin la réclamation du citoyen Mourgues ; et il fut répondu :

« Le citoyen Mourgues pourra faire porter de la commune de Marsillargues à celle du Vigan, où il habite, les grains provenant de sa récolte qui lui sont nécessaires pour sa subsistance et celle de sa famille.

» Nîmes, le 19 frimaire, an III.

» Le représentant du peuple : PERRIN.
Signé avec le sceau.

Ainsi, nous n'en sommes qu'en frimaire (décembre 1794), et déjà le blé manque ; déjà des emprunts, des réclamations affirment de plus en plus une famine imminente ; et, malgré cela, le Conseil du district de Montpellier demande sans cesse des grains ; le Corps Municipal se voit dans l'obligation de les lui refuser.

Dès lors, les administrations supérieures considérant « que l'exposé des commissaires de Marsillargues ne peut mériter aucune créance, puisqu'il est contradictoire au tableau de recensement des grains de cette commune, et que s'il était conforme à la réalité, il faudrait que les habitants de Marsillargues eussent exporté leurs grains sans observer les formalités de la loi ; »

Elles arrêtent : « 1° De nommer un commissaire pour aller à Marsillargues ; ils ne pourront le quitter sous aucun prétexte, ni abandonner leurs opérations pour quelque cause que ce soit, jusqu'à ce que 4.035 quintaux de grains soient sur leurs charrettes.

« II° 50 gardes nationaux de Montpellier partiront pour Marsillargues pour faire des visites générales et particulières et dresseront des procès-verbaux en forme à ceux :

« 1° Qui ne présenteront pas la quantité de blé légale sans en justifier l'emploi légal ;

« 2° Chez qui on trouvera plus de grain qu'ils ne devraient en avoir.

« Les commissaires prendront toutes les mesures de sagesse que leur patriotisme leur inspirera.

« Ils ne négligeront pas, surtout, d'exposer à la Municipalité et aux citoyens de Marsillargues, que si l'administration se voit forcée de faire exécuter avec fermeté une mesure décisive pour le salut du peuple du district, elle a toujours rendu justice au patriotisme qui a distingué les habitants de Marsillargues depuis l'aurore de la Révolution, et qu'en reconnaissant, avec regret, que l'égoïsme avait, dans bien des cas, remplacé ce sentiment fraternel et civique qui offre avec joie tous les sacrifices nécessaires au bien public, elle a senti, en même temps, que la masse imposante des citoyens conserve toujours cette ardeur et ce dévouement si nécessaire au succès de la Révolution. »

Hélas ! les résultats de l'enquête ne prouvèrent que trop

efficacement la pauvreté de notre commune : Tout compte fait, 105 salmées de blé ou de seigle furent en excédent et cédées au district. C'était bien piètre !

Bientôt, la disette se fit sentir. Le Comité de salut public, convaincu du manque de subsistances, n'autorisait à chaque personne qu'une livre de grain par jour. Ce n'était pas trop pour les agriculteurs. Le 21 frimaire, le Corps Municipal publia donc dans les rues de notre commune la proclamation qui suit :

« CITOYENS,

» Les magistrats du peuple lui doivent la vérité. Nous venons vous la dire. Le recensement des grains et farines que nous venons de faire exécuter ne se porte qu'à 2800 quintaux. Cette quantité suffit à peine à nous subsister deux mois et demi. Voilà l'état actuel de notre commune.

» Maintenant, toutes nos villes vont être consacrées à vous procurer les subsistances qui vous seront bientôt nécessaires, et nous ne craignons pas de vous promettre le succès de nos démarches, parce que nous sommes persuadés qu'en général, la République est suffisamment pourvue et que la crainte d'une disette serait une idée contre-révolutionnaire.

» Mais, Citoyens, si nous devons nous reposer sur les soins du gouvernement pour nous alimenter, il n'est pas moins certain que nous devons lui ménager tous les moyens qui sont à notre pouvoir, il n'en est pas moins vrai que nous devons nous soumettre aux privations que le salut public exige. En conséquence, nous vous déclarons que nous comptons, dès aujourd'hui, qu'il est expressément défendu à tout citoyen d'employer la moindre portion de grain à d'autre usage qu'à celui de sa propre nourriture, et que nous espérons que chacun se contentera de la livre de pain que la loi lui accorde.

» Citoyens, ménagez vos ressources, la sobriété est une vertu républicaine ; et n'oubliez pas surtout que nous tromper dans cette circonstance, c'est vous tromper vous-mêmes. »

Une telle proclamation devait rassurer les esprits et calmer l'excitation populaire. Pauvres gens qui aviez foi en ces paroles consolatrices, combien cependant devaient être pénible votre existence et rudes vos labeurs ! Vous avez cru que la République vous aiderait ; mais hélas , elle est plus faible en son ensemble et plus pauvre que vous ne l'êtes ! D'ailleurs, voici le district qui vient encore vous demander un secours, 21 nivôse (janvier 1795).

En effet, l'administration demandait en cette date 500 quintaux de blé à notre commune, mais le Corps Municipal, « considérant que, de tous temps, les citoyens de notre commune avaient mis au rang de leurs devoirs les plus sacrés celui de partager les subsistances avec leurs frères, mais qu'ils ne pouvaient le faire désormais sans compromettre la subsistance des habitants de Marsillargues », se retira devant le Comité de salut public pour montrer la position de notre cité et faire enlever la réquisition qui lui incombait.

Cette même assemblée était obligée, le même jour, d'acheter 200 quintaux de maïs et 800 de pommes de terre. D'ailleurs, la disette était désormais à son degré maximum. Le Comité de salut public n'accordait plus à chaque citoyen que trois quarts de livres de grain par jour, notre commune avait épuisé ses ressources. Elle en était réduite à vivre d'expédients. Le 24 nivôse, elle achetait 124 quintaux de blé au citoyen Astruc pour la distribution de la quinzaine.

L'assemblée, convaincue que ledit citoyen aurait trouvé à vendre son grain bien au-delà du prix auquel il l'offrait à cette commune, le remercia au nom de ses concitoyens de ce sacrifice volontaire.

Le peu qui restait encore fut apporté au moulin, des vivres furent demandés à Montpellier, une souscription fut ouverte pour garantir le cautionnement de la quantité de blé dont notre commune avait besoin. La situation était des plus alarmantes. La mortalité atteignait une proportion énorme.

Le Corps Municipal publia à ses concitoyens, 7 pluviôse, la proclamation qui suit :

« Honorés de votre confiance, nous saurons la justifier dans le moment de crise où se trouve la commune relativement aux subsistances ; nous allons redoubler d'efforts pour subvenir aux besoins urgents de nos concitoyens ; déjà nous avons fait connaître notre situation aux autorités et nous leur avons demandé les secours qui deviennent indispensables.

» Mais nous devons vous dire la vérité, quelque pénible qu'elle soit. Nous avons lieu d'attendre que les secours que nous présumions n'arriveront pas à temps ; et, dès lors, ce serait un crime de vous taire l'impuissance dans laquelle nous sommes d'assurer vos subsistances. Nous venons vous proposer un moyen que nous voyons assez fort et assez prompt pour sauver les habitants de cette commune de la famine qui les menace. Nous allons ouvrir une liste de cautionnements qui seront recouverts par la vente du blé ; et, dans le cas où il y aurait une perte, dès lors, quelle qu'en soit la cause, il faut que chacun s'engage à la supporter.

» Votre amour pour le bien public nous est un garant que ce ne sera pas en vain que nous vous aurons fait appel. »

Cette souscription fut, en effet, entendue, elle produisit 120.000 livres. Le 13 pluviôse, des délégations partirent pour Cette et Marseille et achetèrent la farine tant désirée et d'ailleurs réellement désirable.

Notre commune sortait de sa mauvaise situation, la crise était terminée ; le 26 ventôse (mars 1795) l'administration rendit à Marsillargues les 337 quintaux de blé qui lui avaient été prêtés pour alimenter la ville de Montpellier : un secours accordé par le district fut distribué à nos habitants, le 16 germinal (avril 1795). Un traité fut passé avec Cette et porta les distributions jusqu'en germinal (mai 1795).

Le 5 floréal enfin (fin mai), le district accorda une nouvelle répartition de céréales. La nouvelle moisson était là. La situation était désormais sauvée.

La Convention, toujours active malgré les troubles intérieurs de son assemblée et les dangers continuels qui menaçaient la France, élaborait sa constitution. Elle fut présentée au peuple en messidor (juillet 1795) et décrétée en fructidor (avril-septembre).

Notre population ayant à délibérer sur l'acceptation de l'acte constitutiônel (18 fructidor) se réunit dans l'église en assemblée primaire.

Et là, « réunie, dit le procès-verbal de la séance, pour prononcer sur les moyens de terminer la Révolution », après formation des bureaux, lecture fut faite de la déclaration des droits et devoirs du citoyen, de l'acte et de l'adresse de la Convention nationale au Peuple français. Après quoi l'on procéda au vote qui devait conclure à l'admission ou au rejet de la Constitution.

124 votants se présentèrent, et il résulta du dépouillement du scrutin que l'assemblée accepta unanimement l'acte constituitionnel.

Les cris de : « vive la Nation ! vive la Liberté ! » cloturèrent cette heureuse élection.

La France elle-même acceptait cette œuvre par une majorité imposante ; la Constitution de l'an III, qui établissait le Directoire, édifiait la nouvelle forme de notre gouvernement.

La Convention se retira le 26 octobre, déclarant sa mission terminée.

La révolution était terminée avec elle. Les guerres futures du Directoire allaient faire naitre et grandir le génie ambitieux d'un Bonaparte ; c'était l'acheminement lent mais progressif vers le 18 Brumaire.

Peuple, médite ; ta liberté ne devait te servir qu'à te donner des chaines.

CONCLUSION

Si nous jetons un coup d'œil d'ensemble sur la première partie des « Notes sur Marsillargues pendant la Révolution », c'est-à-dire sur cette période de trois années embrassant de mai 1789 au 20 avril 1792, date de la déclaration de guerre à la Prusse et à l'Autriche, deux faits nous frappent. Nous sommes d'abord saisis par un enthousiasme général, par une foi intense s'appliquant à tout ce qui touche la cause révolutionnaire, et ensuite — ceci n'est que la conséquence de ce qui précède — le lecteur le plus impartial lit, à chaque page, la haine du peuple pour la noblesse et les ennemis de la liberté. L'intensité de ses deux traits dominants, qui apparaissent à la lecture seule des sommaires de l'ouvrage par des répétitions trop nombreuses de luttes ouvertes entre la municipalité issue des évènements de 1789 et la marquise de Calvisson, ne manque pas de nous étonner. Nous sommes loin de nous expliquer cette spontanéité de sentiments généreux et élevés dont est rempli un discours du bailli de Marsillargues, lors de la convocation du Tiers-État aux États généraux du 5 mai, si nous connaissons l'état de relation de notre blason local avec ses sujets.

Déjà, dans cette allocution (décembre 1788) les principes généraux qui présideront au développement des idées et des réformes révolutionnaires y sont mentionnés et commentés avec une logique et un bon sens qui n'eurent d'égal que la mise en action de ces mêmes principes. L'égalité de

représentation à l'assemblée, le vote par tête, la proportion-
nalité des charges, tout cela trouve sa place dans ce discours
sublime.

Aujourd'hui, ces idées nous apparaissent comme légitimes
et naturelles, nous reconnaissons leurs bienfaisantes conséquences, leur analogie frappante avec les notions premières de
justice et d'équité dont est meublée notre raison. Mais si nous
considérons que la population bourgeoise et ouvrière de notre
petite cité n'eut guère à souffrir, durant le régime ancien, des
violences et des rudesses seigneuriales, nous nous demanderons, sans peut-être trouver de raisons suffisantes,
quelle fut la cause qui fit éclore aussi subitement ces évo-
luantes idées, alors qu'une douce autorité dirigeait, en ces lieux,
des âmes tranquilles et paisibles. Nous nous demanderons
encore — si le discours de Boulet reproduit exactement l'esprit de la masse — d'où notre administration a puisé cette
force de conception et cette énergique éloquence sous lesquelles ces principes nous sont divulgués.

La famille de Calvisson nous paraît avoir vécu en intelligence sinon parfaite, du moins très bonne, avec notre population marsillarguoise ; et l'opinion généralement adoptée c'est
« qu'elle n'eut pas à craindre le reproche d'abus de la puissance féodale. » Soucieux de leurs devoirs autant qu'il fut
permis aux seigneurs de s'en soucier, imbus de la pleine
connaissance de leurs droits et de leurs devoirs, les descendants de Guillaume de Nogaret n'abusèrent de leurs prérogatives qu'en circonstances très exceptionnelles ; et l'on peut
peut-être ajouter qu'ils « traitaient les habitants de notre cité
comme des clients dont on veut augmenter le bien-être par
d'immenses facultés ».

En vertu des largesses dont notre population fut l'objet,
notre communauté se plaisait à dire, même après la tourmente
révolutionnaire, « que l'élévation de sentiments était héréditaire

chez les Calvisson et qüe, souvent, l'on avait vu parmi eux la bonté réunie à l'aménité dans les relations privées ».

Et cependant, dès que Necker lance dans toute la France sa convocation aux Etats Généraux, c'est un même cri d'angoisse qui sort frémissant de toutes les poitrines pour demander des réformes, semble-t-il, urgentes et nécessaires.

Nos compatriotes, dans le réveil de ce sommeil léthargique que berçait l'inégalité foncière et gouvernementale, ouvrant, dès l'aurore, leurs yeux tout grands, scrutent d'un regard profond la longue lutte qui commence et jettent un cri rauque, encore faible et sourd, mais un cri poignant : Egalité ! Et, malgré leur bien-être relatif, c'est un cri sincère, c'est le mugissement aigu du lion secouant sa crinière pour en fouetter à sa face l'ignoble tyrannie.

C'est aussi, dès la première heure, l'esprit enthousiaste et constant des représentants du peuple, qui iront à Versailles pour défendre les droits d'une nation entière opprimée: la justice, l'équité.

C'est, enfin, le souffle du XVIIIe siècle qui va jeter sa raffale sur le système féodal affaibli et problématique, presque absorbé par la puissance royale et tout usé dans ses rouages compliqués.

Les esprits sont transformés, la Révolution va commencer son œuvre. Le peuple a désormais un rôle à remplir dans l'Etat, il veut sa part au gouvernement de la France, sa chère Patrie.

Qu'est-il encore? Rien. Que doit-il être? Tout.

Et la lutte est immédiatement ouverte aux grands.

Dans le sein du Conseil politique, la place du procureur syndic a un degré apparent de prédominance. Pourquoi la tribune du représentant seigneurial est-elle, au conseil du peuple, plus élevée que celle des conseillers ? Pourquoi cette inégalité? Supprimons-la. Et le peuple remporte une première victoire dans les murs mêmes de notre localité.

Quel est donc encore le but d'un écrit lancé parmi la population par Boulet, personne de confiance de la marquise de Calvisson, sinon de discréditer aux yeux du public l'administration révolutionnaire et déjà républicaine de notre cité?

Mais aussi, quelles en furent les conséquences, sinon d'aigrir davantage nos pères et de faire pénétrer plus vivement dans leur chair le stylet qui les révoltait et le sabre qui avait tranché la blessure encore saignante de l'inégalité des siècles passés?

Dès lors, plus de traces de cette servitude que les temps ont trop prolongée ; abolissons les armoiries ornant les établissements publics ou particuliers aux nobles, et qui nous rappellent trop souvent notre existence passée, cette longue ignorance de nos droits et de nos devoirs, notre indifférence à la cause commune, notre servile soumission.

Supprimons les tribunaux anciens qu'il est criminel de laisser subsister durant cette ère de justice et de vérité, tandis qu'ils sont le symbole le plus absolu de la partialité et de l'injustice.

Il ne manquait plus qu'à graver en lettres d'or ces mots, encore si nouveaux, mais déjà si sublimes, à la place des armoiries féodales : Liberté, Egalité, Fraternité, dont le sentiment était gravé dans tous les cœurs. La justice de paix, issue de la Constituante, remplaçait le tribunal de bailliage en matière judiciaire.

Une chose nous étonne encore dans le long drame qui se déroula au sein de Marsillargues durant ces années de trouble et d'exaltation patriotique voisine du fanatisme, cette chose, c'est le respect que semble avoir professé de tout temps notre population pour le château qui abrita si longtemps la famille seigneuriale.

Il est rare de ne pas trouver aujourd'hui des ruines lamentables là où triomphait jadis le luxe et l'aveugle autorité des grands. Des murs délabrés, des toitures effondrées, de vieilles tours profilant dans les airs leurs silhouettes hideuses de vieillesse et de délabrement et ne servant plus qu'au refuge des hiboux et des chauves-souris : tels sont les restes les plus communs, tel est aujourd'hui le spectacle le plus ordinaire de ces masses imposantes de splendeur dont notre France était partout semée.

Marsillargues sembla vénérer le chef-d'œuvre de la Renaissance qui l'embellit encore, et la seule marque d'irrévérencieuse indignation que manifeste notre population en juillet 1791 fut réprimée par notre municipalité comme une infraction grave aux lois, pouvant amener l'anarchie, le pire des malheurs publics.

Ce calme marque profondément quelle fut la tranquillité, la douceur que professaient nos pères, même dans les moments où leurs débordantes idées, leur exaltation révolutionnaire, eussent pu les porter à commettre d'imprudents incendies, d'involontaires outrages à ces immeubles magnifiques, symboles de terreur, non par eux-mêmes, mais par l'intègre tyrannie de leurs possesseurs.

Inclinons-nous en passant pour saluer ces âmes pacifiques et payer notre écot de gratitude et d'admiration à ces fortes volontés pour qui le salut de la Constitution et de la liberté fut la seule pensée et qui deviendra demain leur unique religion.

La liberté ! voilà le Dieu réel et celui en qui la foi populaire s'acharne. C'est le rénovateur des forces épuisées, c'est le stimulant le plus actif et le plus efficace des hommes de 1792. La liberté ! c'est le peuple qui l'a conquise, c'est à lui de la défendre !

Dès lors, tout ce qui possède encore quelque attache délicate et fragile avec les préjugés anciens, tout ce qui s'acharne après cette féodalité délabrée et mourante, tout cela est l'ennemi du peuple et mérite d'être châtié. Sus aux ennemis !

C'est au nom de ce principe qui fait de l'homme un être essentiellement actif que la France fédérale de 1790 est formée. C'est encore en son nom et en celui de l'égalité que tous les hommes deviennent frères ! Mot admirable, alors qu'on le comprend aussi largement, que les commentaires des plus grands penseurs et des plus grands philosophes ne peuvent sonder en toute sa profondeur, ni développer en toute son étendue.

Les habitants de Marsillargues comprirent de bonne heure quels étaient leurs devoirs, et jamais, depuis ces années terribles, notre population n'a été plus fortement et plus sincèrement unie, pour lutter contre les ennemis communs, défendre et soutenir des sentiments fraternels.

La suite nous en fera juger.

Les archives seules peuvent nous donner idée de l'enthousiasme, du dévouement de nos aïeux.

Là seulement, nous trouvons dans toute sa plénitude quelle fut sa foi ardente, quelle fut l'action patriotique de cette petite population. Les discours reproduits textuellement sont remplis de cette chaleur de ce je ne sais quoi qui vous saisit jusqu'aux larmes. Nulle révolte, mais au contraire, à chaque ligne, les mots de : « frères, d'amis de la liberté, de défenseurs des lois, de Nation, de Patrie, de France et de Constitution ».

Tel était l'esprit de notre administration à l'heure où le canon grondait sur les murs de la Bastille conquise, comme pour annoncer au peuple sa délivrance et sa liberté ; tels étaient leurs sentiments au 14 juillet 1790, alors que la France entière, fédérée au Champ-de-Mars, jurait fidélité à la Nation, à la Loi et au Roi.

Et la garde nationale marsillarguoise n'avait pas un esprit

tout autre, ni des sentiments différents. Les gardes nationaux des villages voisins sont leurs frères d'armes avec qui ils fraternisent.

Ils envoient une délégation à Montpellier, au lendemain de la fête de la Fédération, pour assister à la réception de la bannière offerte par les représentants du Peuple aux députés des fédérations départementales, comme si les plis de cet emblème sacré devaient leur apporter l'amour de leurs frères du Nord, et l'encens embaumé des fêtes de la fraternité.

Notre garde reçoit au sein même de son assemblée une délégation de celle de Lansargues, qui vient joindre à son fidèle hommage l'expression la plus sincère de son attachement pour la cause commune ; et la salle retentit d'applaudissements donnés aux sentiments de patriotisme si bien exprimés. (Juillet 1791).

Lunel est bouleversé en novembre 1791 par une crise insurrectionnelle ; Arles, ensuite, est en proie aux horreurs de la guerre civile ; Avignon voit des frères s'armer contre des frères. Partout nos compatriotes voient des âmes qui souffrent, des cœurs ébranlés, la liberté menacée, nos lois prêtes à tomber aux mains ennemies. Ils volent pleins d'allégresse au secours des souffrants et des opprimés, ils vont défendre la liberté et la loi ; leur civisme est irréprochable.

Et demain, nous voulons dire en 1792, lorsque les nobles, les mécontents, ceux qui ont été lésés dans leurs privilèges par la justice des lois de 1789, passeront le Rhin, entraînant avec eux la phalange compacte et servilement soumise des rois de Prusse et d'Autriche, ils trouveront une Nation entière debout pour son salut et forte de sa liberté et de ses lois.

Ils ne trouveront pas une France agonisante prête à descendre dans le chaos de l'oubli ; mais un peuple menaçant, fort de sentiments et de patriotisme ; mal organisé, il est vrai, mais invincible, parce qu'il luttera pour son salut. De toutes parts le canon grondera comme pour dire à tous : « la France est en danger, il faut la sauver » ; partout, au son des clairons, au roulement du tambour, jeunes et vieux se rangeront, ils deviendront les soldats de la Patrie ; et, du Rhin aux Pyrénées, notre territoire deviendra un vaste camp, mais un camp de géants, où viendront s'engloutir l'ambition de notre noblesse chancelante et le courroux de l'étranger.

Le Peuple aura sauvé la France.

FIN

MONTPELLIER. — IMPRIMERIE GUSTAVE FIRMIN ET MONTANE.

TABLE DES MATIÈRES

[illegible]

[illegible]

[illegible]

[illegible]

[illegible]

[illegible]

[illegible]

[illegible]

[illegible]

[illegible]